부동산
절세
완전정복

일러두기

이 책은 2021년 6월 출간일 현재의 부동산 세법을 기준으로 하여 집필되었다.
세법은 자주 개정되므로, 실제로 내용을 참조할 시 개정사항을 확인할 필요가 있다.

절세 고수 자본가의 세금 폭탄 피하는 법

부동산 절세 완전정복

이승현(자본가) 지음

한국경제신문

세금 미리 계획해야 줄일 수 있다

문재인 정부 들어 집값이 급등하자 부동산 정책이 십수 차례나 발표됐다. 취득세에서 재산세, 종합부동산세, 양도소득세까지 세금 강화가 그 골자인데, 세법이 하도 자주 바뀌다 보니 일반인들은 물론 세무사들조차 바뀐 세법을 정확하게 알기가 힘들 정도다.

자주 바뀌는 세금 규정을 제대로 이해하지 못해 억울하게 손해를 보는 안타까운 경우들을 최근 자주 접한다. 특히 주변의 말만 듣고는 세금이 없는 줄 알고 집을 팔았다가 양도소득세와 가산세까지 엄청난 금액을 물게 되는 사례가 생각보다 많다.

하지만 세법은 몰랐다는 말이 안 통하는 영역이다. 세금이 복잡해질수록 나와 내 가족의 소중한 재산을 지키기 위해 세금을 제대로 알아야 한다. 특히 부동산 투자자에게 세금 공부는 더 이상 선택사항이 아니라 필수사항이다. 부동산 투자와 세금 공부는 바늘과 실처럼 함께 가야 한다.

통계청에 따르면 우리나라는 가계 순자산의 75% 이상이 부동산이다. 재산의 대부분을 부동산의 형태로 보유하고 있는 것이다. 이처럼 한국인은 부동산에 대한 선호가 뚜렷하고 부동산 투자에 높은 관심을 갖고 있다. 하지만 세금에 대한 관심 또한 그만큼 갖고 있을까?

그동안 2,000건이 넘는 세무상담을 해오면서 알게 된 놀라운 사실이 하나 있다. 바로 대부분의 사람들은 세금을 납부해야 할 시기가 닥치기 전까지는 세금에 대해 별다른 고민을 하지 않는다는 점이다. 집을 팔거나 세금고지서를 받으면 그제야 세금에 대해 알아보기 시작한다. 그러고는 미리 알아보고 대비하지 않은 걸 뒤늦게 후회한다.

하지만 세금은 지나고 난 뒤엔 수습하기가 어렵다. 특히 거액이 걸려 있는 부동산 관련 세금은 한 번의 실수도 치명적일 수 있다. 세법 규정을 정확하게 모르고 집을 팔았다가 평생을 고생해 모은 재산을 고스란히 세금으로 날릴 수도 있는 것이다.

가령 1세대 1주택자라고 혹은 임대사업자 등록을 했다고 안심하지만, 제대로 들여다보고 꼼꼼히 따져봐야 한다. 1세대 1주택 비과세 규정도 거주기간과 보유기간 요건이 강화됐기 때문에 주의해야 하고, 임대사업자도 면적과 가격, 취득 시점에 따라 세제 혜택 여부가 달라지기 때문이다. 내가 가진 부동산이 조정대상지역에 있는지, 보유기간과 거주기간은 몇 년인지, 개정된 세법이 적용되는지 아닌지 등등을 잘 살펴보고 절세 방법을 준비해야 한다. 세금은 아는 만큼 절세할 수 있다. 그리고 가장 현명한 절세법은 미리미리 준비하는 것이다.

부동산을 사거나 팔기 전에 관련 세금을 미리 검토해보는 것만으로도 많은 세금을 아낄 수 있다. 세금에 대해 알아야 비로소 투자할 자격이 생긴다고 해도 틀린 말이 아닐 것이다.

이 책은 내 재산을 지키기 위해 반드시 알아야 할 부동산 세금을 총망라하였고, 부동산 초보부터 고수까지 부동산 투자자에게 꼭 필요한 내용만 담았다. 최근 개정된 세법과 그에 따라 바뀐 세부 규정들도 다뤘다. 바뀐 내용을 미처 알지 못해 선의의 피해를 입는 일을 피할 수 있을 것이다.

이 책이 여러분의 부동산 세금 지식을 한 단계 업그레이드하고 절세에 대한 궁금증을 해소해주기를 바란다.

부동산 절세 완전정복

CONTENTS

프롤로그 _ 세금, 미리 계획해야 줄일 수 있다   005

아는 만큼 보이는 부동산 세금

01	부동산 세금, 어떤 게 있을까?	014
02	용어를 알면 세금이 쉬워진다	017
03	복잡한 세금 문제, 공짜로 해결하는 법	024

사는 순간 취득세, 갖고 있을 때 보유세

01	취득세는 어떻게 계산할까?	028
02	확 바뀐 주택 취득세율, 중과세되면 최고 12% 내야	034
03	취득세 더 내지 않으려면 주택 수 잘 판단해야	039
04	취득세 절세법	045
05	재산세를 아끼려면 사고파는 타이밍을 잘 맞춰야	054
06	종합부동산세가 '세금 폭탄'인 이유	059
07	종합부동산세 절세 전략	067
한눈에 보기 취득세 · 재산세 · 종합부동산세 절세법		071

투자 수익을 결정하는 양도소득세

01	아는 만큼 아끼는 양도소득세	076
02	양도소득세 절세 전략 1 취득가액 높이기	082
03	양도소득세 절세 전략 2 필요경비 높이기	087
04	양도소득세 절세 전략 3 장기보유특별공제 많이 받기	091

05　양도소득세 절세 전략 4 세율 낮추기　096

06　양도소득세 절세 전략 5 성실 납부　103

　한눈에 보기　양도소득세 절세법　105

CHAPTER 4

양도소득세 비과세 혜택 받기

01　1세대 1주택 비과세의 조건　110

02　비과세 주택 수 계산법, 확실히 알자　125

03　2주택자가 비과세 받는 법　133

04　주택과 조합원입주권 소유자가 비과세 받는 법　144

05　주택과 분양권 소유자가 비과세 받는 법　150

06　주택임대사업자의 거주주택 비과세 특례　154

　한눈에 보기　양도소득세 비과세 절세법　161

CHAPTER 5

다주택자 양도소득세 중과 피하기

01　조정대상지역과 투지과열지구는 다르다　166

02　다주택자의 중과세 판단법　173

03　다주택자가 중과세 피하는 방법　180

　한눈에 보기　중과세 피하기 전략　192

CHAPTER 6

주택 임대 시 종합소득세

01　종합소득세는 어떻게 과세할까?　196

02　주택임대소득 과세 방법　199

03　임대수입이 연 2,000만 원 이하일 때　205

04   임대수입이 연 2,000만 원을 초과할 때   208

한눈에 보기   주택임대소득 절세법   214

주택임대사업자 등록으로 절세하기

01   임대주택 등록, 꼭 해야 할까?   218

02   임대주택 규정이 복잡한 이유   222

03   임대주택 취득 시 세제 혜택   226

04   임대주택 보유시 세제 혜택   229

05   임대주택 양도 시 세제 혜택   236

06   최초 임대료와 임대료 5% 상한 규정   242

07   전월세 전환 시, 임대료 상한금액 계산하는 법   244

08   임대주택 의무 위반 시 과태료 규정   247

가족을 위한 세금, 증여세와 상속세

01   생전에 받으면 증여세   254

02   사망 후 받으면 상속세   258

03   상속 · 증여 재산가는 어떻게 정할까?   262

04   상속세 · 증여세 필수 상식   267

05   중여를 활용한 절세 전략   271

06   가족 간 부동산 거래 시 주의할 점   279

한눈에 보기   증여 · 상속을 통한 절세법   283

CHAPTER

1

아는 만큼 보이는
부동산 세금

01 ··· 부동산 세금, 어떤 게 있을까?

부동산은 사는 순간부터 매도할 때까지 다양한 세금을 내야 한다. 부동산 투자는 세금으로 시작해서 세금으로 끝난다고 해도 과언이 아니다. 따라서 세금을 모르면 억울한 손해를 보게 된다. 여기서는 우선 부동산 세금의 종류와 특징에 대해 간단하게 알아보자.

부동산 세금은 크게 취득, 보유, 처분 단계에서 부과된다.

먼저 부동산을 취득할 때는 취득세를 내야 한다. 주택을 살 때는 매매금액에 따라 6억 원 이하는 1%, 6억 원 초과~9억 원 이하는 1~3%, 9억 원 초과는 3% 세율이 적용된다.

여기에 취득세의 10%인 지방교육세가 추가되고, 대형주택(전용면적 85㎡ 초과)은 0.2%의 농어촌특별세가 추가된다. 예를 들어 대형주택을 5억 원에 구입했다면 1.3%(취득세 1% + 지방교육세 0.1% + 농어촌특별세 0.2% = 1.3%)인 650만 원을 취득세로 내야 한다.

단, 2020년 8월 12일 이후 다주택자와 법인이 주택을 취득할 때

⬇ 부동산 세금의 종류

취득 단계	취득세
▼	
보유 단계	재산세, 종합부동산세, 종합소득세
▼	
처분 단계	양도소득세, 증여세, 상속세

는 8% 또는 12%로 취득세가 중과되니 주의해야 한다.

부동산 보유 단계에서는 재산세와 종합부동산세(종부세)를 낸다. 주택의 경우 매년 6월 1일을 기준으로 주택을 소유한 사람에게 1년 치 재산세가 부과되고, 7월과 9월에 나누어 납부한다. 주택의 공시가격 합계액이 6억 원(1세대 1주택 단독명의는 9억 원)을 초과하는 경우에는 12월에 종합부동산세도 내야 한다.

만약 부동산을 임대해서 세를 받는다면 종합소득세를 내야 한다. 주택은 연간 수입금액이 2,000만 원 이하라면 14%의 낮은 세율로 분리과세를 선택할 수 있다. 반면 상가는 무조건 다른 근로소득, 사업소득 등과 합쳐서 다음 해 5월 말까지 종합소득세를 신고하고 납부해야 한다.

마지막으로 부동산을 팔 때는 산 가격과 판 가격의 차이인 양도차익에 대해 양도소득세를 낸다. 특히 주택의 양도소득세는 1세대 1주택자는 비과세로 세금 부담을 없애주고, 단기간에 매매하거나

기본적으로 부동산 세금의 종류와 계산 원리를 알아야 손해 보지 않는다.

다주택자가 조정대상지역 주택을 팔 때는 중과세로 세금을 무겁게 물린다. 또한 정책적으로 일부 주택에 대해서는 양도소득세를 감면 해주기도 한다.

주택의 양도소득세는 부동산 세금 중 가장 복잡하고 부담이 큰 세금이다. 반면 그만큼 절세할 수 있는 방법도 많기 때문에 부동산 투자자라면 반드시 기본적인 내용을 숙지하고 있어야 한다.

한편, 생전에 배우자나 자녀에게 재산을 증여하는 경우에는 증여 세가, 사망으로 인해 재산이 상속되면 상속세가 과세된다.

용어를 알면 세금이 쉬워진다 ···

🏠 비과세, 감면, 중과세란?

세금을 공부하다 보면 비과세, 감면, 면제, 일반과세, 중과세 등의 용어를 자주 보게 된다. 비과세란 국가가 과세권을 포기하여 세금을 전혀 내지 않아도 되는 것을 말한다. 과세권을 포기했으므로 별도 신고가 필요 없다. 대표적으로 1세대 1주택 양도소득세 비과세 규정이 있다.

감면 또는 면제란 부과된 세금을 일부 차감해주거나 면제하는 것으로 비과세와 달리 신고를 반드시 해야 한다. 양도소득세를 면제 혹은 감면받은 경우에는 감면받은 세액의 20%를 농어촌특별세로 내야 한다(단, 일부 자경농지 감면 등은 농어촌특별세가 비과세된다).

대표적으로 조세특례제한법상 특례주택에 해당되면 양도소득세를 100% 감면해주는 규정이 있다.

절세의 기본
면제나 감면되는 것은 최대한 받고, 중과세 되는 것들은 피할 것.

일반과세란 감면이나 중과세가 적용되지 않고 일반세율에 따라 세금을 납부하는 것을 말한다.

중과세란 일반세율보다 높은 세율로 과세되는 경우를 말하는데, 대표적으로 다주택자 양도소득세 중과 규정이 있다. 다주택자가 조정대상지역의 주택을 팔 때 2주택자는 기본세율에 20%p를 더하고, 3주택 이상일 때는 기본세율에 30%p를 더해서 양도소득세를 과세한다. 또한 부동산을 1년 또는 2년 이내에 단기매매하면 양도소득세가 중과된다.

따라서 비과세나 면제, 감면을 최대한 적용받고 중과세를 피하는 것이 절세의 기본이라 할 수 있다.

세금은 어떻게 계산될까?

모든 세금은 기본적으로 아래 공식으로 계산한다.

$$세금 = 과세표준 \times 세율$$

과세표준이란 세금을 부과할 때 기준이 되는 금액을 말한다. 세금의 종류마다 과세표준을 구하는 방법이 다르지만, 과세표준에 세율을 곱해서 세금을 구하는 것은 동일하다.

예를 들어, 양도소득세는 양도가액에서 취득가액과 필요경비, 장기보유특별공제, 기본공제를 차감하면 과세표준을 구할 수 있다.

이렇게 계산된 과세표준에 양도소득세율을 곱하면 양도소득세가 계산된다.

아파트의 재산세 과세표준은 시가표준액(공동주택공시가격)에 공정시장가액 비율 60%를 곱해서 구한다. 여기에 주택 재산세율을 곱하면 재산세가 계산된다.

부동산 세금이 어렵다고 생각하는 이유는 세금별로 과세표준을 구하는 방법과 세율이 다양하고, 수시로 바뀌기 때문이다.

하지만 기본 공식은 바뀌지 않는다. 과세표준에 세율을 곱하면 세금을 계산할 수 있다.

⒲ 단일세율과 누진세율

단일세율은 말 그대로 세율이 하나인 것을 말한다. 대표적인 단일세율 적용 세금으로 부가가치세가 있다. 1,000원짜리 빵을 살 때도 10%인 100원의 부가가치세를 내고, 5,000만 원짜리 자동차를 살 때도 10%인 500만 원의 부가가치세를 낸다. 금액에 따라 세율이 달라지지 않기 때문에 과세표준에 단일세율을 곱하면 간단하게 세금을 구할 수 있다.

반면 누진세율은 과세표준이 올라감에 따라 세율이 단계적으로 높아진다. 일정 금액까지는 같은 세율이 적용되고, 그 금액을 넘어가면 더 높은 세율이 적용되는 식이다. 과세표준 금액에 따라 적용되는 세율이 달라지기 때문에 누진세율 세금 계산은 조금 복잡하다.

예를 들어 양도소득세 과세표준이 5,000만 원이라면 양도소득세는 다음과 같이 계산한다.

① 1,200만 원까지는 세율이 6%이므로 세금은 72만 원이다 (1,200만 원 × 6% = 72만 원).

② 1,200만~4,600만 원까지는 세율이 15%이므로 세금은 510만 원이다(3,400만 원 × 15% = 510만 원).

③ 4,600만~5,000만 원까지는 세율이 24%이므로 세금은 96만 원이다(400만 원 × 24% = 96만 원)

이렇게 구간별로 계산한 세금을 모두 더한 678만 원이 양도소득세다(72만 원 + 510만 원 + 96만 원 = 678만 원).

그런데 매번 이렇게 구간별로 세금을 계산하기에는 너무 번거롭다.

🔽 양도소득세 세율 및 누진공제액

과세표준	기본세율	누진공제액
1,200만 원 이하	6%	–
1,200만 ~ 4,600만 원	15%	108만 원
4,600만 ~ 8,800만 원	24%	522만 원
8,800만 ~ 1.5억 원	35%	1,490만 원
1.5억 ~ 3억 원	38%	1,940만 원
3억 ~ 5억 원	40%	2,540만 원
5억 원 초과	42%	3,540만 원

이때는 누진공제액을 활용하면 간단하게 계산할 수 있다. 과세표준에 세율을 곱하고 누진공제액을 빼면 구간별로 세금을 계산해서 더한 것과 같은 결과를 얻을 수 있다.

- 양도소득세 : 5,000만 원(과세표준) × 24% (양도소득세율) − 522만 원(누진공제액) = 678만 원

ⓦ 헷갈리는 부동산 가격 용어 : 실거래가, 기준시가, 시가표준액, 공시가격

부동산 세금을 공부하다 보면 기준시가, 시가표준액, 공시지가, 공동주택공시가격 등 복잡한 용어들이 등장한다. 이러한 용어들이 무엇이고 어디에 쓰이는지 살펴보자.

부동산 세금은 크게 취득, 보유, 양도 단계에서 부과된다. 취득, 양도 시에는 실거래가를 알 수 있기 때문에 취득세, 양도소득세는 실거래가를 기준으로 과세하면 된다. 하지만 보유 단계에서 재산세나 종합부동산세를 부과하기 위해서는 별도의 객관적인 가격 산정이 필요하다. 또한 취득, 양도 시의 실거래가를 모르거나, 상속·증여처럼 거래가액이 존재하지 않을 때도 세금 부과를 위한 기준이 필요하다.

따라서 세법에서는 기준시가, 시가표준액, 공시가격(공시지가 및 주택공시가격), 감정평가액 등을 활용해서 세금을 부과한다. 세금은

실거래가
부동산 매매 시 실제로 거래되는 가격.

기준시가
양도소득세, 상속세, 증여세, 종합부동산세 등 국세를 계산할 때 활용되는 가격. 실거래가나 시가를 모르는 경우에 주로 사용된다.

시가표준액
취득세, 재산세 등 지방세를 계산할 때 활용되는 가격.

공시가격
정부가 조사하고 산정하여 공시하는 부동산가격. 기준시가 및 시가표준액으로 이용된다.

❏ 부동산 종류별 기준시가와 시가표준액

부동산 종류		기준시가 (국세의 과세 기준)	시가표준액 (지방세의 과세 기준)
토지		공시지가	
주택	단독주택, 다가구주택	개별단독주택공시가격	
	아파트, 연립, 다세대	공동주택공시가격	
상가, 오피스텔 등 비주거용 건물		건물 기준시가	건축물 시가표준액

국가가 부과하는 국세와 지방자치단체가 부과하는 지방세로 나뉘는데, 국세인 양도소득세, 상속세, 증여세, 종합부동산세를 계산할 때 활용하는 것이 '기준시가'이고 취득세, 재산세 등의 지방세를 과세하기 위해 지자체가 산정하는 가격이 '시가표준액'이다.

기준시가와 시가표준액은 부동산 종류에 따라 다르게 적용된다. 예를 들어, 아파트의 재산세나 종합부동산세가 궁금하다면 공동주택공시가격을 확인해야 하고, 토지를 상속 혹은 증여받는데 취득세가 궁금하다면 공시지가를 조회해야 한다. 상가나 오피스텔 투자 전에 건축물 시가표준액으로 재산세가 얼마나 나올지 알아볼 수도 있다.

공시지가란 건축물을 제외한 순수 땅값만 조사, 평가해 공시한 m^2당 가격을 말한다. 전국의 모든 땅값을 일일이 평가하는 것은 어렵기 때문에 표본을 선정해서 평가한 후 해당 표본을 토대로 지자체에서 개별 토지의 가격을 산정한다.

이때 표본의 공시가격을 표준공시지가라고 하고, 표준공시지가를 토대로 산정한 개별 토지의 가격을 개별공시지가라고 한다.

주택공시가격은 주택의 토지와 건물을 합쳐서 평가한 가격을 말한다. 단독, 다가구주택은 토지처럼 표준단독주택공시가격과 개별단독주택공시가격으로 나뉜다. 아파트, 연립, 다세대 같은 공동주택은 전수조사하여 공동주택공시가격을 공시한다.

실거래가는 '국토교통부 실거래가 공개 시스템'(http://rt.molit.go.kr/)에서 쉽게 확인 가능하다.

오피스텔과 상업용 건물의 기준시가는 일정 규모 이상의 건물에 대해서만 국세청장이 매년 고시하고, 그 외의 건물은 공시된 기준시가 산정 방법에 따라 별도로 계산해야 한다. 오피스텔과 상업용 건물의 시가표준액은 지자체에서 매년 별도로 산정한다.

공시지가와 주택공시가격은 부동산공시가격알리미(www.realtyprice.kr), 오피스텔과 상업용 건물의 기준시가는 국세청 홈택스(www.hometax.go.kr), 시가표준액은 위택스(www.wetax.go.kr) 또는 지자체 홈페이지에서 인터넷으로 누구나 조회가 가능하다.

복잡한 세금 문제,
공짜로 해결하는 법

03 ...

살다 보면 종종 세금 문제로 고민하게 된다. 특히 부동산 관련 세법은 워낙 방대하고 복잡해서 주위 사람에게 물어보거나 인터넷을 검색해도 제대로 된 정보를 얻기가 힘들다. 부동산을 매도하거나 취득하는 등 중요한 의사결정 전에는 반드시 부동산 전문 세무사나 회계사를 찾아가는 게 사고를 막는 지름길이다. 하지만 평소 궁금한 게 생길 때마다 수수료를 주고 상담받기란 부담스러운 일이다. 이럴 때 공짜로 이용할 수 있는 좋은 방법들을 몇 가지 소개한다.

국세상담센터 126 상담 전화

국번 없이 126번으로 전화하면 국세청이 운영하는 국세상담센터를 무료로 이용할 수 있다. 평일 오전 9시~오후 6시까지 운영되고 세금 분야별로 전문 상담원이 답변을 해주기 때문에 어지간한 세무사보다 더 전문성이 높은 답변을 얻을 수 있다.

🏠 국세청 홈택스 인터넷 상담

전화로 자세한 이야기를 하기 어렵다면, 국세청 홈페이지인 홈택스
(www.hometax.go.kr)에서 인터넷 상담을 이용할 수 있다. 홈택스에
로그인 후 상담/제보 → 인터넷 상담하기 순으로 이동하면 세금 종
류별로 질문을 남길 수 있고, 1~3일 정도면 답변을 받아볼 수 있다.

출처가 불분명한 블로
그보다는 국세청이 운
영하는 홈택스와 국세
법령정보시스템을 적
극 활용하자.

   답변과 함께 질문에 대한 관련 세법 규정도 함께 알려주고, 나의
상담 내역도 따로 저장되어 다시 볼 수 있다. 또한 직접 질문하지
않아도 상담사례 검색을 통해 과거 유사한 질문에 대한 답변을 찾
아볼 수도 있다.

🏠 국세법령정보시스템 인터넷 검색

국세법령정보시스템(https://txsi.hometax.go.kr)에 접속하면 법규와
상담사례, 유권해석, 조세심판례 등 다양한 정보를 확인할 수 있다.
검색하기 매우 편리하게 되어 있어 세금 관련 궁금한 사항을 키워
드로 조회하면 다양하고 정확한 정보를 얻을 수 있다.

사는 순간 취득세,
갖고 있을 때 보유세

01 ··· 취득세는 어떻게 계산할까?

⌂ 취득세는 취득 원인과 부동산 종류에 따라 다르다

부동산을 취득하면 취득세를 내야 한다. 취득세는 취득 원인과 부동산 종류에 따라 세율이 다르다. 유상 매매의 경우 주택을 제외한 부동산의 취득세율은 4%다. 여기에 지방교육세 0.4%와 농어촌특별세 0.2%가 추가되어 총 4.6%의 세금이 나온다. 흔히 취득세라고 하면 농어촌특별세와 지방교육세까지 합쳐서 이야기하는 경우가 많다.

서민들의 주거 안정을 위해서 주택은 부동산보다 낮은 취득세율을 적용한다. 주택의 금액에 따라 1~3%로 차등 적용한다. 단, 다주택자와 법인이 주택을 취득하면 중과세율이 적용된다.

한편, 상속 시의 취득세는 2.8%, 증여 시에는 3.5%이고, 무주택 가구가 주택을 상속받은 경우에는 2.8%가 아닌 0.8%를 적용한다.

◘ 취득세율

구 분		취득세	지방교육세	농어촌특별세
주택 매매	6억 원 이하 주택	1%	0.1%	0.2% (전용면적 85㎡ 이하는 면제)
	6억 원 초과 ~ 9억 원 이하 주택	1~3%	0.1~0.3%	
	9억 원 초과 주택	3%	0.3%	
주택 외 매매(토지, 건물 등)		4%	0.4%	0.2%
원시취득, 상속(농지 외)		2.8%	0.16%	0.2%
무상취득(증여)		3.5%	0.3%	0.2%
농지	매매	3%	0.2%	0.2%
	상속	2.3%	0.06%	0.2%

상속 · 증여 시의 과세표준은 시가표준액(공시가격)을 기준으로 계산한다.

⌂ 크고 비싼 집일수록 취득세가 많다

서울에 처음 투자하는 지방 고객들 가운데는 실제 투자금액 때문에 놀라는 경우가 종종 있다. 취득세 때문이다. 20억 원짜리 대형 아파트(85㎡ 초과)는 취득 시 세금만 3.5%인 7,000만 원이 나온다. 지방의 싼 주택들을 거래하면서 취득세를 집값의 1.1%로만 알고 있었던 분들로서는 의외의 금액일 수 있다.

실거래가 6억 원 이하의 주택은 1%, 6억 원 초과~9억 원 이하 주택은 1~3%, 9억 원 초과 주택은 3%의 취득세율을 적용한다. 여기에 지방교육세(취득세의 10%)와 농어촌특별세 0.2%가 추가된다.

◘ 주택 유상거래 취득세율

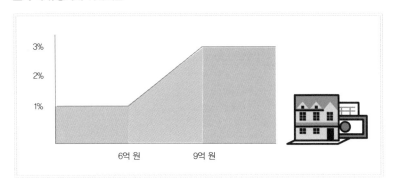

단, 국민주택 규모 이하의 주택*은 농어촌특별세를 면제한다.

6억 원 초과~9억 원 이하 주택의 취득세율은 금액대별로 1.01~
2.99%로 차등 적용하는데, 계산법은 다음과 같다.

취득가액 6억 원 초과~9억 원 이하 구간 취득세율

$$취득세\ 적용\ 세율 = \left(주택\ 취득\ 당시의\ 가액 \times \frac{2}{3억\ 원} - 3\right) \times \frac{1}{100}$$

*소수점 다섯째 자리 이하 반올림하여 소수점 넷째 자리까지 계산

예를 들어, 주택의 취득가가 7억 8,000만 원이라면 취득세율은
2.2%가 된다.

$$\left(7억\ 8,000만\ 원 \times \frac{2}{3억\ 원} - 3\right) \times \frac{1}{100} = 2.2\%$$

ⓦ 주거용 오피스텔의 취득세 부담은 4.6%

주거용 오피스텔에 투자할 때도 취득세를 미리 따져봐야 한다. 오피스텔은 실제 주거용으로 사용하더라도 취득세는 주택 외 부동산으로 보아 4.6%로 내야 한다. 가령 매매가가 3억 원에 전세가가 2억 9,000만 원인 주거용 오피스텔이 있다면, 실제 필요한 투자금은 1,000만 원이 아니다. 취득세만 1,380만 원(3억 원 × 4.6% = 1,380만 원)이 추가로 필요하다.

이처럼 부동산은 큰 금액이 들어가기 때문에 투자하기 전에 반드시 세금을 체크해야 한다.

ⓦ 실거래가와 공시가격 중 더 비싼 것에 매긴다

취득세는 실거래가와 시가표준액 중 더 큰 금액을 기준으로 과세한다. 시가표준액이란 지자체에서 취득세, 재산세 등의 지방세를 매기기 위해서 정한 금액으로 실거래가보다 낮은 게 일반적이다. 하지만 그렇지 않은 경우도 있기 때문에 주의해야 한다.

한편 시가표준액보다 낮은 금액으로 거래하더라도 국가와의 거래나 경매 · 공매, 법인 장부에 따라 취득가격이 증명되는 법인과의 거래는 실거래가를 기준으로 취득세를 과세한다.

실제 사례를 보자. 과거에 분당 무지개마을 상가에 있는 대중목욕탕이 경매에 나온 적이 있다. 이 물건은 2007년 7월 16일 3억

5,000만 원에 낙찰됐고, 새 주인은 낙찰가의 4.6%인 1,610만 원을 취득세로 납부했다(상가는 주택보다 취득세가 비싸다).

이듬해 6월에는 4억 원에 다시 팔았다. 그런데 상가는 1년 이내에 팔면 양도소득세가 50%다. 지방세까지 더하면 55%나 된다. 이 사람이 세금에 대해 좀 더 알았다면 잔금을 7월 16일 이후에 받았을 것이다. 그러면 양도소득세가 44%로 줄어든다.

더 큰 사고는 4억 원에 이 물건을 산 사람에게 일어났다. 구청에 취득세를 신고하러 갔다가 무려 1억 600만 원에 달하는 취득세 고지서를 받은 것이다. 낙찰가는 3억 5,000만 원이었지만 공시가격이 23억 원이었기 때문이다.

그렇다면 처음 낙찰받은 사람은 왜 1,610만 원만 낸 것일까? 경매는 낙찰가 기준으로 취득세를 내기 때문이다. 하지만 두 번째 매매는 일반 매매였고, 일반 매매는 실거래가와 공시가격 중 큰 것을 기준으로 취득세를 매긴다. 그래서 공시가격 23억 원의 4.6%인 1억 600만 원의 취득세가 나온 것이다. 4억 원에 목욕탕을 샀는데 세금이 1억 원이 넘는다니, 이 사람이 너무 억울해 소송을 해서 대법원까지 갔다. 하지만 대법원은 1억 600만 원을 내라는 판결을 내렸다. 세금에 관한 한 몰랐다는 말은 통하지 않는다.

취득세를 과세할 때, 일반 매매라면 취득가(실거래가와 공시가격 중 높은 금액)를, 경매나 공매라면 낙찰가를 기준으로 한다.

이런 일은 지방 구도심 상가에서 많이 일어난다. 상권이 발달하면서 시세도 올라가고 공시가격도 같이 상승하던 지역이지만, 신도심이 생기면서 상권이 무너지고 시세도 떨어진다. 그런데 공시가격은 시세가 하락하는 속도에 맞춰 떨어지는 게 아니라 천천히 떨어

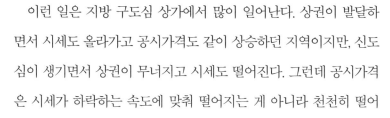

진다.

　그래서 지방 구도심에는 시세가 5억 원인데 공시가격은 10억 원인 물건들이 종종 있다. 시세가 싸다고 투자했다가는 세금 폭탄을 맞을 수 있다. 확인, 또 확인이 필요한 대목이다.

확 바뀐 주택 취득세율,
중과세되면 최고 12% 내야

⌂ 다주택자와 법인이 집을 사면 중과세된다

정부는 2020년 7·10대책으로 다주택자와 법인의 주택 취득세율을 대폭 인상했다. 다주택자와 법인의 주택 투기 수요를 차단하기 위해서다. 이에 따라 다주택자와 법인이 주택을 취득하면 중과세가 적용된다.

기존에는 다주택자라도 무주택자와 동일하게 1~3%의 취득세를 내면 됐다. 하지만 2020년 8월 12일 이후부터는 1세대가 2주택 이상 취득하면 주택 수에 따라 취득세가 중과된다. 조정대상지역에서 두 번째 주택은 8%로 중과세되고, 세 번째 주택부터는 12%로 중과세된다.

조정대상지역이 아닌 지역에서는 1채씩 더 여유가 있다. 비조정대상지역의 두 번째 주택까지는 1~3%의 취득세율이 적용되고, 세

⚡ 다주택자 · 법인의 주택 매매 시 취득세율

구분	개인				법인
	1주택	2주택	3주택	4주택 이상	
조정대상지역	1~3%	8%(일시적 2주택 제외)	12%	12%	12%
비조정대상지역	1~3%	1~3%	8%	12%	12%

*지방교육세 : 취득세 중과 시(8%, 12%) 0.4% 적용
*농어촌특별세(85㎡ 초과 주택만 적용) : 취득세 8% 중과 시 0.6%, 12% 중과 시 1% 적용

번째 주택은 8%, 네 번째 주택부터는 12%가 적용된다. 법인은 주택 수에 관계없이 12%의 취득세율을 적용한다.

개인은 주택 수와 취득 지역에 따라 취득세율이 다르기 때문에 취득 순서가 중요하다. 가령 똑같이 2채의 주택을 사더라도 첫 번째 주택을 조정대상지역에서 사고, 두 번째 주택을 비조정대상지역에서 사면 2채 모두 1~3%의 취득세만 내면 된다. 반대로 첫 번째 주택을 비조정대상지역에서 사고, 두 번째 주택을 조정대상지역에서 사면 취득세가 8%로 중과된다. 동시에 2채 이상을 취득하는 경우에는 납세의무자가 정하는 순서대로 취득한 것으로 본다.

한편, 조정대상지역 지정 고시일 이전에 매매계약을 체결한 경우에는 조정대상지역 지정 이전에 주택을 취득한 것으로 본다.

1주택을 소유한 1세대가 추가로 조정대상지역 아파트(전용면적 120㎡)를 10억 원에 산 경우 세금을 계산하면 다음과 같다.

- 취득세 : 10억 원 × 8%(조정대상지역 2주택 중과) = 8,000만 원
- 지방교육세 : 10억 원 × 0.4% = 400만 원

- 농어촌특별세 : 10억 원 × 0.6% = 600만 원
- 취득 시 총 납부할 세금 : 9,000만 원

🏠 취득세 중과가 안 되는 주택도 있다

다주택자와 법인에 대한 주택 취득세 중과 규정이 도입되자, 공시가격 1억 원 이하 주택에 투자자가 몰려 가격이 급등하기도 했다. 공시가격 1억 원 이하 주택은 취득세가 중과되지 않기 때문이다.

주택에 취득세를 중과하면 투기와 관계없는 주택들의 거래도 어렵게 된다. 따라서 법률로 일정 요건에 해당하는 주택은 취득세를 중과하지 않고 있다. 이를 중과제외주택이라 한다. 중과제외주택은 다주택자나 법인이 취득해도 취득세가 중과되지 않고, 다른 주택 취득 시 소유주택 수에서도 대부분 제외된다. 중과제외주택은 다음과 같다.

공시가격 1억 원 이하 주택. 단, 아래 지역에 소재한 주택은 제외

① 도시 및 주거환경 정비법에 따른 정비구역으로 지정·고시된 지역

② 빈집 및 소규모주택 정비에 관한 특례법에 따른 사업시행구역

주택 건설을 위해 멸실시킬 목적으로 취득하는 주택

① 주택법에 따라 등록한 주택건설사업자가 주택 건설을 위해

취득하는 주택. 단, 정당한 사유 없이 그 취득일부터 3년이 경과할 때까지 주택을 멸실시키지 않은 경우는 제외한다.

② 주택신축판매업을 목적으로 부가세법상 사업자 등록을 한 자가 주택 건설을 위해 취득하는 주택. 단, 정당한 사유 없이 취득일부터 1년이 경과할 때까지 주택을 멸실시키지 않거나 그 취득일부터 3년이 경과할 때까지 주택을 신축하여 판매하지 않은 경우는 제외한다.

그 밖의 주택

농어촌주택, 사업용 노인복지주택, 국가등록문화재주택, 가정어린이집, 주택시공자가 공사대금으로 받은 미분양주택, 사원용 주택(전용면적 60㎡ 이하 공동주택)

조정대상지역은 증여 시에도 취득세 중과

주택 증여 시 취득세율은 3.5%다. 하지만 2020년 8월 12일 이후에 조정대상지역 내 공시가격 3억 원 이상인 주택을 증여받으면 취득세가 12%로 중과세된다. 단, 1세대 1주택인 경우 본인 소유 주택을 배우자나 직계존비속에게 증여할 때는 중과세하지 않는다.

주택 건설을 위해 멸실 목적으로 주택을 취득한 뒤 주택과 상가가 혼합된 겸용주택을 신축하는 경우 취득세 중과세 적용 범위

① 신축하는 주택의 연면적이 신축 건물 연면적의 50% 이상인 경우 : 전체 중과 제외
② 신축하는 주택의 연면적이 신축 건물 연면적의 50% 미만인 경우 : 신축 건물 전체 연면적 중 주택의 연면적이 차지하는 비율만큼만 취득세 중과 제외

▶ 주택 증여 시 취득세율

구분	취득세	지방교육세	농어촌특별세 (전용면적 85㎡ 이하 면제)
조정대상지역 내 공시가격 3억 원 이상	12%	0.4%	1%
그 외	3.5%	0.3%	0.2%

취득세 더 내지 않으려면 주택 수 잘 판단해야

주택 수에 따라 취득세율이 1~12%까지 차이가 날 수 있기 때문에 주택 수를 정확히 판단하는 것이 매우 중요해졌다. 자칫 잘못하면 생각지도 못한 거액의 취득세를 내게 될 수도 있다. 취득세 주택 수 판단법에 대해 알아보자.

🏠 주택 수는 세대별로 판단

취득세 중과 판단을 위한 주택 수는 개인이 아닌 세대를 기준으로 한다. 따라서 세대별 주민등록표에 함께 기재된 가족이 보유한 주택 수를 모두 합산해서 다주택 여부를 판단해야 한다. 단, 배우자와 30세 미만의 미혼 자녀는 주민등록이 달라도 동일 세대로 본다.

  예외적으로, 다음의 경우에는 별도 세대로 인정한다.

소득이 있는 30세 미만 자녀

30세 미만 자녀가 소득 요건을 충족하고 주민등록을 달리하는 경우에는 별도 세대로 인정한다. 단, 미성년자는 제외한다.

즉 30세 미만 자녀가 별도 세대로 인정받기 위해서는, 소득세법상 소득이 국민기초생활보장법에 따른 기준 중위소득의 40%(1인 가구 월 70만 2,870원) 이상이고 소유하고 있는 주택을 관리·유지하면서 독립된 생계를 유지할 수 있어야 한다.

즉 주택 취득일로부터 과거 1년간 소득이 843만 4,440원(70만 2,870원 × 12개월) 이상이어야 하고, 주택 취득일 현재 소득이 있어야 한다.

만약 1년 이내 소득이 기준금액에 미달한다면 2년 이내 소득이 1,686만 8,880원(70만 2,870원 × 24개월) 이상이면 된다.

동거봉양 합가

자녀가 65세 이상의 부모(한 명만 65세 이상인 경우 포함) 동거봉양하기 위해 합가한 경우에는 각각을 별도 세대로 본다. 분가하지 않고 계속 함께 거주한 경우에도 별도 세대로 본다. 단, 자녀가 30세 미만의 미혼이고, 소득 요건을 충족하지 못한 경우에는 합가해도 별도 세대로 인정하지 않는다.

해외 체류 신고

세대 전원이 90일 이상 출국하는 경우로, 주민등록법에 따라 출국

후에 속할 거주지를 다른 가족의 주소로 신고한 경우에는 별도 세대로 본다.

🏠 주택공유지분, 주택부수토지 주택 수 판단법

주택공유지분

주택의 일부 지분만 소유한 경우에도 주택 수에 포함한다. 단, 세대별로 주택 수를 산정하므로 세대 내에서 공동으로 소유한 주택은 1주택으로 본다. 즉 부부가 공동명의로 소유한 주택은 1채로 본다.

만약 1세대가 A주택 100% 지분과 조정대상지역 B주택의 50% 지분을 소유한 상태에서 B주택의 나머지 지분을 추가로 매수하면 취득세는 어떻게 될까? 이 경우 B주택의 지분 50% 취득으로 온전한 2주택을 취득하는 것이므로 8%의 취득세율이 적용된다.

주택부수토지

주택의 부수토지만 소유 · 취득하는 것도 주택을 소유 · 취득하는 것으로 보아 주택 취득세율을 적용한다. 따라서 주택부수토지의 일부 지분만 있더라도 다른 주택을 취득할 때 취득세가 중과될 수 있으니 주의해야 한다.

🏠 조합원입주권·분양권·오피스텔도 주택 수에 포함

조합원입주권과 주택분양권, 오피스텔은 원래 주택이 아니므로 주택 취득세 과세 대상이 아니다. 하지만 지방세법 개정으로 2020년 8월 12일 이후에 취득하는 조합원입주권 · 주택분양권 · 오피스텔은 취득 중과세 판단 시 소유주택 수에 가산한다.

단, 2020년 8월 11일 이전에 매매계약(오피스텔 분양계약 포함)을 체결한 경우는 주택 수에 포함하지 않는다.

여기서 오피스텔은 주택분 재산세가 과세되는 오피스텔을 말한다. 따라서 업무용으로 재산세를 내는 오피스텔은 주택 수에 포함되지 않는다. 또한 오피스텔 분양권은 실제 용도가 확정되지 않아 주택 수에 포함되지 않는다.

⬇ 조합원입주권 · 분양권 · 오피스텔의 주택 수 포함 여부

구분	2020. 8. 11. 이전 취득	2020. 8. 12. 이후 취득	
		2020. 8. 11. 이전 매매계약	2020. 8. 12. 이후 매매계약
조합원입주권	주택 수 미포함	주택 수 미포함	주택 수 포함
주택분양권			
오피스텔(주택분 재산세 과세)			

⌂ 주택 수 산정에서 제외되는 주택들

취득세가 중과되지 않는 중과제외주택은 해당 주택 취득 시에도 중과되지 않지만, 다른 주택을 취득할 때도 소유주택 수로 치지 않는다. 따라서 중과제외주택인 공시가격 1억 원 이하 주택을 10채 갖고 있어도 다른 주택을 살 때 취득세가 중과되지 않는다. 단, 취득 당시 1억 원 이하라도 공시가격이 인상돼 1억 원을 넘게 되면 주택 수에 포함된다.

취득세 주택 수 산정에서 제외되는 주택들은 다음과 같다.

중과제외주택

① 공시가격 1억 원 이하 주택(재개발 · 재건축 사업구역 내 주택 제외)

② 주택건설사업을 위해 멸실 목적으로 취득하는 주택

③ 농어촌주택

④ 사업용 노인복지주택

⑤ 국가등록문화재주택

⑥ 공공지원민간임대주택으로 공급하기 위해 취득하는 주택

⑦ 가정어린이집

⑧ 주택 시공자가 공사대금으로 받은 미분양주택

⑨ 사원용 주택(전용면적 $60m^2$ 이하 공동주택)

주거용 건물 건설업자가 신축하여 보유하는 주택

건설업자가 주거용 건물을 신축하여 판매하고 남은 재고주택은 취득세 주택 수 산정에서 제외한다. 단, 해당 주택에 자신 또는 타인이 거주한 기간이 1년 이상인 경우에는 주택 수에 포함된다.

상속주택

① 상속 개시일로부터 5년 이내의 상속주택(상속받은 조합원입주권, 주택분양권, 오피스텔 포함)

② 2020년 8월 12일 이전에 상속받은 주택은 5년간(2025년 8월 12일까지) 주택 수에서 제외한다.

③ 공동으로 상속받은 공동상속주택은 지분이 가장 큰 상속인의 주택 수에만 포함된다. 단, 지분이 동일하면 '당해주택 거주자'와 '최연장자' 순으로 소유자를 판단한다.

한편, 상속받은 입주권 또는 분양권이 주택으로 전환된 경우에는 5년이 경과하지 않았어도 주택 수에 포함된다.

시가표준액이 1억 원 이하인 오피스텔

취득세 절세법 ···

⌂ 일시적 2주택은 취득세가 중과되지 않는다

1주택자가 추가로 주택을 샀다고 무조건 취득세를 중과한다면, 이 사 가기 위해 기존주택을 먼저 팔고 새로운 집을 사야 하는 등 여러 가지 불편이 생긴다. 이런 불편을 막기 위해 1세대 1주택자(입주권·분양권·오피스텔 포함, 이하 '종전주택 등'이라 한다)가 이사·학업·취업·직장 이전 등의 사유로 신규주택을 취득하고 일시적 2주택 기간(3년, 1년) 이내에 종전주택 등을 처분(매각·증여·멸실)하면 신규주택에 대해 1주택 취득세율(1~3%)을 적용한다.

일시적 2주택으로 신고하면 일단 1~3%의 취득세율을 적용받는다. 만약 일시적 2주택 기간 내에 종전주택 등을 처분하지 않으면 중과세율(8%)에 가산세까지 더해 미납세액을 추징한다.

일시적 2주택 기간은 신규주택을 취득한 날부터 3년이고, 종전

⤵ 취득세 일시적 2주택 기간

종전주택	신규주택	일시적 2주택 기간
조정대상지역	조정대상지역	1년 이내 처분
비조정대상지역	조정대상지역	3년 이내 처분
조정대상지역	비조정대상지역	원래 취득세 중과되지 않음
비조정대상지역	비조정대상지역	

주택 등과 신규주택이 모두 조정대상지역에 있는 경우는 1년이다. 취득세에서 일시적 2주택 규정은 양도소득세의 일시적 2주택 비과세 규정과 유사하다. 단, 취득세에는 양도소득세와 달리 종전주택 취득일로부터 1년 이후에 신규주택을 취득해야 한다거나 신규주택에 전입해야 한다는 요건이 없다.

또한 신규주택이 비조정대상지역에 소재한 경우라면 원래 취득세가 중과되지 않기 때문에 일시적 2주택 기간을 따질 필요가 없다.

⑩ 멸실입주권·분양권의 일시적 2주택 규정

종전주택이 멸실된 조합원입주권 · 주택분양권인 경우에는 일시적 2주택 규정이 완화되어 적용된다. 멸실입주권 · 분양권(2020년 8월 12일 이후 취득한 경우에 한함)을 소유한 1세대가 신규주택을 취득한 경우에는 해당 입주권 · 분양권에 의한 주택을 취득한 날부터 일시적 2주택 기간을 기산한다. 반대로 1주택을 소유한 1세대가 신규로 분양권을 취득한 경우에도 해당 분양권에 의한 주택 취득일을 기준으로 일시적 2주택 기간을 기산한다. 또한 원래 일시적 2주택 규정은 신규주택 취득 후 종전주택을 처분해야 하나, 멸실입주권·분양권이 포함된 일시적 2주택 규정에서는 종전주택이 아닌 신규주택을 처분해도 취득세를 중과하지 않는다. 이를 요약하면 다음과 같다.

① 멸실입주권·분양권에 의한 주택을 취득한 날부터 일시적 2주택 기간을 기산함
② 종전주택이 아닌 신규주택을 처분해도 취득세를 중과하지 않음

▲ 입주권·분양권의 일시적 2주택 규정

한편, 양도소득세에서는 관리처분계획인가가 나면 조합원입주권으로 보지만, 취득세에서는 관리처분계획인가 후 주택이 멸실돼야 조합원입주권으로 본다. 따라서 종전주택이 관리처분계획인가 후 멸실되지 않은 상태에서 신규주택을 취득하면, 일반적인 일시적 2주택으로 보아 신규주택 취득일로부터 일시적 2주택 기간 내에 종전주택을 처분(매각·증여·멸실)해야 한다.

이 경우 종전주택의 관리처분계획인가 당시 해당 사업구역에 거주하는 세대가 신규주택을 취득해 그 신규주택으로 이주하면, 이주한 날에 종전주택을 처분한 것으로 보아 취득세를 중과하지 않는 예외 규정을 두고 있다.

ⓦ 조합원입주권은 언제 사는 게 유리할까?

조합원입주권은 건물 멸실 전과 멸실 후에 취득세가 다르다. 주택이 재개발·재건축 사업으로 관리처분계획인가를 받으면 양도소득세법상으로는 조합원입주권으로 본다. 하지만 취득세에서는 건물이 멸실되지 않았다면 주택으로 보아 일반세율(1~3%) 또는 중과세율(8~12%)을 적용한다. 건물이 멸실된 후에는 토지로 보아 4%의 취득세를 과세한다. 따라서 조합원입주권은 누가 어떤 상태에서 취득하느냐에 따라 취득세의 유불리가 달라진다.

만약 무주택자가 조합원입주권을 취득한다면 건물 멸실 전에 취득하는 게 유리하다. 멸실 전에는 주택이므로 취득가액의 1~3% 취

■ 조합원입주권의 취득세율

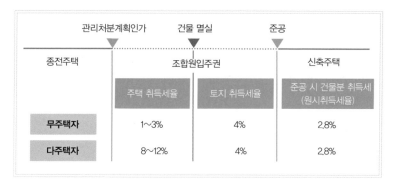

득세율을 적용받지만, 멸실된 후에는 토지의 취득으로 보아 4%를 적용받기 때문이다.

반면 다주택자라면 건물 멸실 후 토지 상태에서 사는 게 유리하다. 멸실 전에 사면 다주택 중과세가 적용돼 8% 또는 12%의 높은 취득세를 내야 한다.

한편, 입주권이 새 아파트로 준공될 때는 건물분에 대해 취득세를 한 번 더 낸다. 이때는 원시취득 취득세율이 적용돼 무주택자와 유주택자 모두 2.8%의 취득세율을 적용받는다.

ⓦ 생애 첫 주택은 취득세 감면

정부는 2020년 7·10 대책으로 생애최초주택 구입에 대한 취득세 감면 규정을 신설했다. 2021년 12월 31일까지 생애 최초로 주택을 구입하면, 취득가액 1억 5,000만 원 이하의 주택은 취득세를 100%

⬇ 생애최초주택 취득세 감면 요건

생애최초 요건	– 취득일 현재 주민등록표상 세대원 전원이 주택을 소유한 사실이 없을 것 – 취득자와 주소가 다른 배우자도 주택을 소유한 사실이 없을 것 – 취득자 본인 및 배우자의 직계존속은 주택이 있어도 감면 적용
감면 대상	– 취득가액 1억 5,000만 원 이하 : 취득세 100% 면제 – 취득가액 1억 5,000만 원 초과~3억 원(수도권 4억 원) 이하 : 취득세 50% 감면
감면 기간	2020. 7. 10.~2021. 12. 31. 취득분
소득 기준	취득자 본인과 배우자의 합산 소득이 7,000만 원 이하일 것
추징 요건	– 취득일부터 3개월 이내 상시 거주(주민등록 전입신고)를 시작하지 않는 경우 – 취득일부터 3개월 이내 1가구 1주택이 되지 아니한 경우 – 상시 거주기간이 3년 미만인 상태에서 매각·증여 및 다른 용도(임대 포함)로 사용하는 경우

면제하고, 1억 5,000만 원 초과~3억 원(수도권은 4억 원) 이하 주택은 취득세의 50%를 감면해준다.

단, 취득일로부터 3개월 내에 해당 주택에 전입하지 않거나, 3년 이상 실거주하지 않고 처분 또는 임대하면 감면받은 취득세를 추징한다.

감면 가능액은 최대 200만 원[수도권 4억 원 × 1%(취득세율) × 50%(감면율)]이다.

🏠ⓦ 분양권은 취득세를 어떻게 낼까?

분양권 자체는 취득세가 없다. 따라서 분양권을 취득할 때는 취득세를 내지 않고, 향후 아파트가 준공돼 잔금을 완납할 때 납부한다. 이 때문에 분양권을 취득할 때는 취득세에 대해 크게 생각하지 않는 경우가 많다. 하지만 앞으로는 주의해야 한다. 2020년 8월 12일 이후 분양권을 취득하면 분양권 취득 당시의 세대별 주택 수에 따라 향후 아파트의 취득세 중과가 결정되기 때문이다.

가령 1세대 3주택이라면 12%로 취득세가 중과된다. 분양권 취득 시점의 주택 수에 따라 취득세율이 결정되므로, 중간에 보유 중인 주택을 모두 처분하더라도 중과세를 피할 수 없다.

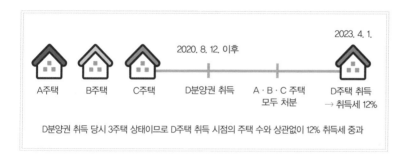

D분양권 취득 당시 3주택 상태이므로 D주택 취득 시점의 주택 수와 상관없이 12% 취득세 중과

| 절세 마스터 |

취득세 쉽게 계산하기

2020년부터 주택 매매 시 취득세 계산이 복잡해졌다. 특히 6억~9억 원 사이의 주택은 취득세율과 지방교육세, 농어촌특별세를 정확히 계산하는 게 쉽지 않다.
이때는 위택스에서 제공하는 지방세 계산기를 이용하면 쉽게 취득세 계산이 가능하다.

1. 행정안전부 위택스(www.wetax.go.kr)에 접속하여 홈페이지 우측 하단
   의 '지방세자료실' 클릭.

2. '지방세자료실' 클릭 후 좌측 상단의 '지방세 미리 계산해보기' 클릭.

3. 빈칸 입력 후 '세액 미리 계산하기' 클릭.

4. 취득세 계산 결과가 다음과 같이 나온다.

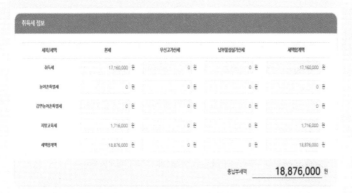

05 ... 재산세를 아끼려면 사고파는 타이밍을 잘 맞춰야

재산세에서 꼭 기억해야 할 것은, 매년 6월 1일을 기준으로 부동산을 소유한 사람에게 세금이 부과된다는 점이다.

ⓦ 팔 때는 6월 1일까지, 살 때는 6월 2일부터

부동산은 사유 재산이기도 하지만 국토이기에 공공재의 성격도 지닌다. 그래서 사고팔 때뿐만 아니라 갖고 있을 때도 세금이 붙는다. 바로 재산세와 종합부동산세로, 보유세라고도 한다.

참고로 재산세는 지방세, 종합부동산세는 국세다. 따라서 재산세에 대해 궁금한 점은 시 · 군 · 구청에 물어봐야 하고 종합부동산세에 대해서는 관할 세무서나 국세청에 문의해야 한다.

재산세와 종합부동산세는 매년 6월 1일 현재 소유자에게 1년치 세금을 과세한다. 그래서 집을 팔 때는 6월 1일 이전에 잔금을 받는 것이 좋다. 6월 2일에 팔아도 재산세와 종합부동산세를 내야 한다. 과세 기준일인 6월 1일에 집을 갖고 있었기 때문이다.

반대로 사는 사람 입장에서는 6월 2일 이후에 사야 이익이다. 그래야 그해의 재산세와 종합부동산세를 내지 않기 때문이다. 즉 6월 1일 현재 등기부등본에 이름이 올라 있는 사람이 재산세와 종합부동산세를 낸다. 이를 두고 미묘한 신경전이 벌어지곤 한다. 파는 사람은 6월 1일 이전에 팔려 하고, 사는 사람은 6월 2일 이후에 사려 하기 때문이다.

파는 사람은 5월 31일에 해외여행을 가니 그 전인 5월 30일에 잔금을 치러달라고 하고, 사는 사람은 해외출장에서 6월 1일에 돌아오니 6월 2일에 잔금을 치르겠다고 하는 식이다. 그래서 매도자와 매수자가 재산세와 종합부동산세를 반반씩 부담하기도 한다. 하지만 어느 한쪽이 재산세와 종합부동산세에 대해 잘 모른다면 이런 협상도 불가능하다. 혼자서 몽땅 부담해야 한다.

물론 집을 사고팔 때 항상 이 시기를 맞출 수는 없지만 거래 시기가 과세 기준일과 가깝다면 잔금일을 조정해보자.

▶ 재산세 · 종합부동산세 과세 기준일

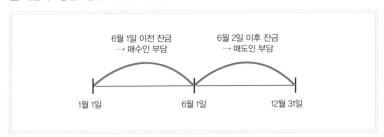

⌂ⓦ 재산세 계산법

그렇다면 보유세는 어떻게 계산할까? 먼저 재산세부터 알아보자. 재산세는 주택, 토지, 건축물 등 재산에 부과하는 세금이다. 재산세 과세표준은 공시가격에 공정시장가액 비율을 곱해서 구하는데, 주택은 공시가격에 60%를 곱하고, 토지 및 건축물은 70%를 곱한다. 이렇게 계산된 과세표준에 각 자산별 재산세 세율을 곱하면 재산세를 계산할 수 있다.

예를 들어, 공동주택공시가격이 5억 원인 아파트의 재산세는 다음과 같이 계산된다.

- 5억 원 × 60%(공정시장가액 비율) × 0.25%(세율) − 18만 원(누진공제액) = 57만 원

하지만 실제 재산세 고지서에는 재산세 외에도 지방교육세, 재산세 도시지역분, 지역자원시설세 등이 추가되어 재산세의 약 2~3배에 달하는 금액이 고지된다.

▣ 부동산별 재산세 과세표준

구분	재산세 과세표준
주택	개별주택가격 혹은 공동주택가격 × 공정시장가액 비율(60%)
토지	개별공시지가 × 공정시장가액 비율(70%)
건축물	시가표준액 × 공정시장가액 비율(70%)

한편, 공시가격 급등으로 재산세 부담이 커지자 정부는 2021년부터 1세대 1주택자의 재산세율을 한시적으로 인하하기로 했다. 이에 따라 공시가격 6억 원 이하의 주택을 보유한 1세대 1주택자는 과세표준 구간별로 0.05%p 인하한 특례세율을 적용한다. 이러한 특례세율은 2023년까지 한시적으로 적용될 예정이다.

이렇게 계산된 주택 재산세는 7월과 9월에 절반씩 나눠서 납부한다. 단, 20만 원 이하라면 7월에 전액 납부해야 한다. 납부 기한을 넘기면 3%의 가산세가 붙는다. 그러니 7월 31일과 9월 30일까지는 꼭 내도록 하자.

참고로 상가는 7월에 건물에 대한 재산세를, 9월에는 토지에 대한 재산세를 각각 납부한다.

재산세는 부동산 세금 중 가장 부담이 적은 세금이다. 하지만 다주택자라면 재산세도 부담이 클 수 있다. 이런 경우 지자체에 임대주택 등록을 하면 면적에 따라 2021년 말까지 재산세를 최대 100%

🔽 **주택의 재산세율**

과세표준 (공시가격 × 60%)	공시가격 6억 원 초과· 다주택자·법인		공시가격 6억 원 이하 1주택자	
	표준세율	누진공제액	특례세율	누진공제액
6,000만 원 이하	0.1%	–	0.05%	–
6,000만 원 초과~1.5억 원 이하	0.15%	3만원	0.1%	3만원
1.5억 원 초과~3억 원 이하	0.25%	18만원	0.2%	18만원
3억 원 초과~3.6억 원 이하	0.4%	63만원	0.35%	63만원
3.6억 원 초과			–	–

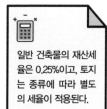

일반 건축물의 재산세율은 0.25%이고, 토지는 종류에 따라 별도의 세율이 적용된다.

감면받을 수 있다. 임대주택 재산세 감면에 관한 자세한 내용은 7장 '주택임대사업자 등록으로 절세하기'를 참조하자.

한편 재산세는 세부담상한 제도가 있어 전년 대비 공시가격 3억 원 이하는 5%, 3억 원 초과~6억 원 이하는 10%, 6억 원 초과는 30% 이상 오를 수 없다. 재산세가 전년도에 비해 이 이상으로 나왔다면 시·군·구청 재산세과에 연락하자. 요청하면 수정해준다. 또한 공시가격은 국토교통부 홈페이지에서 열람할 수 있다.

⬇ 재산세 납부 시기

구분	재산세 납부 시기	
	7월	9월
주택분	주택분 1/2	주택분 1/2
건축물, 토지	건축물 재산세	토지 재산세

종합부동산세가 '세금 폭탄'인 이유

종합부동산세는 어떻게 계산할까?

종합부동산세는 재산세와 더불어 매년 6월 1일 현재 국내에 주택과 토지를 보유한 사람에게 과세되는 보유세로 납부는 매년 12월 1일~15일에 한다.

　재산세는 집값이 얼마든 상관없이 모든 주택에 과세되지만, 종합부동산세는 소유한 주택의 공시가격 합계액이 6억 원(1세대 1주택자는 9억 원)을 넘어야 과세된다.

　종합부동산세 계산법은 다음과 같다.*

* 정확한 종합부동산세는 국세청(www. nts.go.kr)에서 제공하는 세금모의계산을 이용하면 편리하게 계산할 수 있다. 세금 종류별 서비스 → 세금모의계산 → 종합부동산세 간이세액계산 순으로 들어가면 2022년까지의 종합부동산세를 계산할 수 있다.

- 종합부동산세 = (주택공시가격 합계액 − 6억 원) × 공정시장가액 비율(95%) × 세율

■ 주택 종합부동산세 계산 구조

구분	일반			조정대상지역 2주택 & 3주택 이상		
공시가격 합계	시세의 60~70% ➡ 공시가격 현실화					
공제액	6억 원(1세대 1주택자 9억 원)					
공정시장가액 비율	2018년 80% ⇨ 2019년 85% ⇨ 2020년 90% ⇨ 2021년 95% ⇨ 2022년 100%					

세율	과세표준	세율	누진공제	과세표준	세율	누진공제
	3억 원 이하	0.6%	–	3억 원 이하	1.2%	–
	6억 원 이하	0.8%	60	6억 원 이하	1.6%	120만 원
	12억 원 이하	1.2%	300	12억 원 이하	2.2%	480만 원
	50억 원 이하	1.6%	780	50억 원 이하	3.6%	2,160만 원
	94억 원 이하	2.2%	3,780	94억 원 이하	5.0%	9,160만 원
	94억 원 초과	3.0%	1억 1,300만 원	94억 원 초과	6.0%	1억 8,560만 원

세부담상한	5억 원(1세대 1주택자 9억 원)	조정대상지역 2주택 & 3주택 이상 : 전년 대비 300%

공제할 재산세액이란?

동일한 주택에 재산세와 종합부동산세를 과세하면 이중과세 문제가 생긴다. 이를 방지하기 위해 종합부동산세에서 중복과세된 재산세 상당액을 공제하는데 이를 공제할 재산세액이라 한다.

이렇게 계산된 종합부동산세에 공제할 재산세액과 1세대 1주택 세액공제를 차감하면 실제 납부할 종합부동산세가 계산된다. 공제할 재산세액은 다음과 같이 계산한다.

$$공제할\ 재산세액 = 재산세\ 부과세액 \times \frac{종합부동산세\ 과세표준\ 금액에\ 대한\ 재산세\ 상당액}{주택에\ 대한\ 재산세\ 상당액}$$

단, 납부 고지서에는 종합부동산세의 20%에 해당하는 농어촌특별세가 추가로 부과된다.

한편, 종합부동산세에도 전년 대비 150%(3주택 이상, 조정대상지역

2주택 300%)까지만 세 부담이 증가하도록 세부담상한 제도를 운영
하고 있다.

🏠 고가주택·다주택·법인 소유자 세 부담 증가

정부 발표에 따르면 2019년 51만 7,000명이었던 종합부동산세 과
세 대상자는 2020년 66만 7,000명, 2021년에는 85만 6,000명으
로 급증했다. 납부액은 2019년 9,524억 원, 2020년 1조 5,224억 원,
2021년에는 최대 6조 1,000억 원까지 증가할 것으로 예상된다.

이처럼 종합부동산세 대상자와 납부액이 늘어나는 이유는 고가
주택 소유자와 다주택자들의 세금 부담이 급격히 증가하도록 법과
제도가 강화됐기 때문이다. 정부는 2018년 9·13 대책과 2019년
12·16 대책을 통해 종합부동산세를 대폭 강화했는데 그 내용은 다
음과 같다.

공시가격 현실화

공시가격은 보통 시세의 60~70% 수준이다. 시세와는 꽤 차이가
있다. 이 차이를 좁히기 위해 정부는 2020년 10월 '공시가격 현실
화 로드맵'을 발표하여 2030년까지 시세의 90% 선까지 공시가격
을 인상할 예정이다. 이에 따라 2021년 전국 공동주택공시가격은
전년도보다 평균 19% 인상됐다. 2007년 이후 14년 만에 가장 높은
상승률이다. 공시가격이 오르면 종합부동산세 과세표준이 커지고

세금은 증가한다.

공정시장가액 비율 인상

2018년에는 공정시장가액 비율이 80%였다. 하지만 매년 5%씩 인상하여 2019년 85%, 2020년 90%, 2021년 95%, 2022년 100%가 적용된다. 공정시장가액 비율이 오르면 집값이 오르지 않아도 종합부동산세 과세표준이 커지고 세금도 증가한다.

종합부동산세 세율 인상

2021년부터는 종합부동산세 세율이 대폭 인상된다. 2020년에는 과세표준 구간별로 일반세율 0.5~2.7%, 중과세율은 0.6~3.2%를 적용했다. 그러나 2021년에는 일반세율이 0.6~3.0%로 인상되고, 3주택 이상 및 조정대상지역 내 2주택자에게 적용되는 중과세율은 1.2~6.0%로 구간별 세율이 2배 가까이 증가했다. 따라서 중과세율

▶ 연도별 종합부동산세율

과세표준	2주택 이하		3주택 이상 또는 조정대상지역 2주택	
	2020년	2021년	2020년	2021년
3억 원 이하	0.5%	0.6%	0.6%	1.2%
3억~6억 원 이하	0.7%	0.8%	0.9%	1.6%
6억~12억 원 이하	1.0%	1.2%	1.3%	2.2%
12억~50억 원 이하	1.4%	1.6%	1.8%	3.6%
50억~94억 원 이하	2.0%	2.2%	2.5%	5.0%
94억 원 초과	2.7%	3.0%	3.2%	6.0%

◘ 보유세 세부담상한율

구분	일반	조정대상지역 2주택	3주택 이상
2020년	150%	200%	300%
2021년	150%	300%	300%

을 적용받는 다주택자는 2021년 종합부동산세 부담이 전년보다 2배 이상 증가하게 된다.

세부담상한율 인상

보유세가 급격하게 오르는 것을 방지하기 위한 세부담상한율은 150%이다. 예컨대, 작년에 재산세와 종합부동산세를 더해서 100만 원의 세금을 낸 사람이 올해는 200만 원의 재산세와 종합부동산세가 나왔다면 작년에 납부한 세금의 150%인 150만 원만 내는 것이다. 하지만 2019년부터는 조정대상지역 2주택자는 200%, 3주택 이상은 300%로 세부담상한율이 높아졌고, 2021년부터는 조정대상지역 2주택자 세부담상한율도 300%로 인상됐다. 바꿔 말하면 보유세가 최대 3배까지 늘어날 수 있다는 뜻이다.

법인 보유 주택에 대한 종합부동산세 강화

정부는 2021년부터 법인이 보유한 주택에 대해서는 종합부동산세 공제액(6억 원)을 폐지하고, 세율도 개인에게 적용되는 최고세율(3%, 6%)을 단일세율로 적용하도록 세법을 개정했다. 또한 법인은 세부담상한율을 적용하지 않아 늘어난 보유세를 그대로 납부해야 한다.

가령 법인이 공시가격 3억 원인 조정대상지역 주택을 2채 보유했다면, 2020년에는 공제액 6억 원을 적용받아 종합부동산세를 한 푼도 내지 않았다. 하지만 2021년에는 전체 공시가격 6억 원에 6%의 단일세율을 적용해 3,600만 원의 종합부동산세와 종합부동산세의 20%에 해당하는 720만 원을 농어촌특별세로 납부해야 한다.

🏠 1세대 1주택 고령자·장기보유자 세 부담 감소

실수요자의 종합부동산세 부담을 낮춰주기 위해 1세대 1주택자에게는 연령과 주택 보유기간에 따라 세액공제를 적용한다. 2021년에는 고령자공제율이 구간별로 전년 대비 10%씩 높아졌고, 세액공제 한도도 10% 인상됐다.

가령 1세대 1주택자가 62세에 주택 보유기간이 12년이라면, 2021년에는 고령자공제율 20%와 장기보유공제율 40%를 더해

⬇ 달라진 종합부동산세 세액공제율

2020년

고령자		장기 보유	
연령	공제율	보유기간	공제율
60~65세	10%	5~10년	20%
65~70세	20%	10~15년	40%
70세 이상	30%	15년 이상	50%

*공제 한도 : 고령자 + 장기 보유 합계 70%

2021년

고령자		장기 보유	
연령	공제율	장기 보유	공제율
60~65세	20%	5~10년	20%
65~70세	30%	10~15년	40%
70세 이상	40%	15년 이상	50%

*공제 한도 : 고령자 + 장기 보유 합계 80%

60%의 세액공제를 받을 수 있다. 세액공제 한도는 최대 80%다.

기존에는 단독명의로 1세대 1주택을 소유한 경우에만 고령·장기보유에 따른 세액공제를 적용하고, 부부 공동명의로 1세대 1주택을 소유한 경우에는 세액공제를 받을 수 없었다. 이런 문제점을 해결하기 위해 정부는 2021년부터 부부 공동명의 1주택자가 원할 경우 부부 중 지분율이 큰 자(지분율이 같으면 선택 가능)가 1주택자로 신고할 수 있도록 세법을 개정했다.

| 절세 마스터 |

종합부동산세 주택 수 계산법

종합부동산세는 인별로 소유한 주택 수에 따라 세율이 달라진다. 따라서 내가 몇 주택자인지 정확히 알아야 적용 세율을 알 수 있다. 종합부동산세에서는 다음과 같이 주택 수를 판단한다.

1. 공동소유주택
주택의 일부 지분만 보유해도 주택 수에 포함된다. 따라서 남편과 아내가 공동명의로 주택을 소유하고 있다면 각자의 주택 수에 포함한다. 즉 남편 1채, 아내 1채로 본다.

2. 주택부수토지
주택의 부수토지만 보유한 경우에도 주택을 소유한 것으로 본다. 단, 예외적으로 1주택과 타주택의 주택부수토지를 단독명의로 보유하고 있는 경우에는 1세대 1주택으로 보아 9억 원을 공제하고 1세대 1주택자 세액공제도 적용받을 수 있다.

3. 공동상속주택

공동소유자가 각각 1채씩 소유한 것으로 본다. 단, 종합부동산세 과세 기준일(6월 1일) 현재 지분율이 20% 이하이고, 이 지분의 공시가격이 3억 원 이하면 주택 수에서 제외한다. 만약 장남이 80%, 차남이 20%를 소유했고 그 20%가 3억 원이 안 된다면 차남의 주택 수에는 포함하지 않는다.

한편 과세표준을 구할 때는 공동상속주택 소유 지분의 공시가격을 다른 부동산에 합산해 세금을 매긴다.

또한 1세대 1주택 9억 원 공제 여부를 판단할 때는 주택 수에 포함시킨다. 즉 차남에게 공동상속주택과 다른 집이 1채 있다면 9억 원이 아닌 6억 원을 공제해준다.

4. 다가구주택

여러 가구가 거주해도 다가구주택은 전체를 1채로 본다.

5. 임대주택

종합부동산세 합산배제 임대주택은 주택 수에서 제외된다.

종합부동산세 절세 전략 ···  07

⌂ 명의를 분산한다

재산세는 부동산을 기준으로 부과하기 때문에 공동명의를 해도 세금이 줄지 않는다. 단독명의 주택 1채의 재산세가 100만 원이라면 공동명의를 해도 부인에게 50만 원, 남편에게 50만 원이 나온다. 결국 내야 할 액수는 똑같이 100만 원이다.

반면 종합부동산세는 사람을 기준으로 부과하고, 누진세율 구조라 명의를 분산하면 세금이 줄어든다. 그러니 집을 살 때부터 명의를 어떻게 할지 고민해야 한다. 만약 집이 여러 채인데 또 1채를 산다면 누구 명의로 해야 할까? 기존주택의 공시가격 합계액이 적은 사람 명의로 사는 것이 유리하다. 즉 아내 명의의 주택 공시가격이 총 9억 원이고 남편은 총 15억 원이라면, 아내 명의로 해야 그 반대의 경우보다 종합부동산세가 적게 나온다.

명의 분산은 종부세 절세 전략의 핵심이다. 그러니 집을 살 때부터 명의를 어떻게 할지 고민해야 한다.

⌂ⓦ 1주택은 부부 공동명의, 2주택은 각자 단독명의가 유리

종합부동산세는 사람별로 소유한 주택 수에 따라 중과세율을 적용하기 때문에 중과세가 되지 않도록 명의를 잘 선택해야 한다.

1주택이라면 통상 부부 공동명의가 유리하다. 1세대 1주택 단독명의는 9억 원을 공제해주지만 공동명의는 한 사람당 6억 원씩 총 12억 원을 공제받을 수 있다. 또한 종합부동산세는 사람별로 과세하고 재산이 많을수록 높은 세율을 적용하는 누진세율 구조라 명의를 분산하면 세금이 줄어든다. 과거에는 부부 공동명의 1주택자는 고령·장기보유 세액공제를 받지 못하는 불이익이 있었지만, 2021년부터는 적용받을 수 있다.

반면 조정대상지역 2주택이라면 부부가 각각 1채씩 소유하는 것이 유리하다. 부부 공동명의로 조정대상지역의 2채를 보유하는 경우 남편과 부인 모두 중과세율을 적용받기 때문이다. 종합부동산세 중과세율은 일반세율에 비해 거의 2배 수준이므로, 중과세율을 적용받지 않는 것이 중요하다.

⬇ 주택 수에 따른 종합부동산세율 적용 사례

구분	남편	부인	세율
사례 1	조정대상지역 1채	조정대상지역 1채	둘 다 일반세율 적용
사례 2	조정대상지역 공동명의 2채		둘 다 중과세율 적용
사례 3	조정 1채+비조정 1채	조정대상지역 1채	둘 다 일반세율 적용
사례 4	조정대상지역 2채	비조정대상지역 1채	남편 중과세율, 부인 일반세율 적용

⌂ 임대주택 등록을 한다

종합부동산세 부담을 줄이는 또 하나의 방법은, 보유한 주택을 임대주택으로 등록하는 것이다. 일정 요건을 갖춰 임대주택 등록을 하면 종합부동산세를 계산할 때 주택 수에서 빼주고 종합부동산세도 비과세 받을 수 있다. 즉 합산배제된다.

단, 아파트는 2020년 8월 18일 이후 임대주택으로 등록할 수 없어 혜택을 받지 못한다. 자세한 내용은 7장 '주택임대사업자 등록으로 절세하기'를 참조하자.

종합부동산세 합산배제를 받으려면 과세 기준일(매년 6월 1일) 현재 주택을 임대하고, 종합부동산세 합산배제 신고기간 종료일(매년 9월 30일)까지 임대사업자 등록(구청+세무서)을 해야만 한다.

CHAPTER 2

⌂ 가족에게 증여한다

가족 간 증여나 매매로도 종합부동산세를 줄일 수 있다. 특히 부부 간에는 6억 원까지는 증여세가 없다. 따라서 6억 원 내에서 주택을 증여하면 증여세 없이 소유권 이전이 가능하다. 명의가 분산되므로 종합부동산세를 줄일 수 있다.

단, 이 과정에서 주택공시가격의 3.5%(조정지역 내 공시가격 3억 원 이상 주택은 12%)에 해당하는 취득세는 내야 한다. 과세 기준일인 6월 1일 전에 증여하면 그해의 종합부동산세를 줄일 수 있다.

🏠 과세 기준일을 숙지한다

종합부동산세 과세 기준일이 6월 1일이므로 6월 1일까지 팔거나 6월 2일 이후에 사면 그해의 재산세와 종합부동산세는 내지 않아도 된다. 매도일이나 매수일이 과세 기준일과 가깝다면 이 부분도 고려할 필요가 있다.

🏠 분양권과 조합원입주권은 종합부동산세가 없다

재개발·재건축이 진행되어 주택이 멸실된 조합원입주권에는 더 이상 주택분 종합부동산세가 부과되지 않는다. 마찬가지로 분양권도 주택이 아니므로 종합부동산세가 없다. 향후 새 주택이 준공되면 그때부터 부과된다.

취득세·재산세·종합부동산세 절세법

다주택자·법인 주택 취득세 부담 증가

2020년 8월 12일부터 다주택자와 법인이 집을 살 때는 취득세가 최대 12%로 중과된다. 가령 1세대 1주택자가 조정대상지역에 6억 원짜리 집을 추가로 사면 8%의 취득세율이 적용되어 무려 4,800만 원의 취득세를 내야 한다. 원래 취득세 1%에서 8배나 뛴 것이다.

단, 일시적 2주택인 경우 신규주택 취득일로부터 일정 기간(3년, 1년) 내에 종전주택을 처분하면 취득세가 중과되지 않는다. 또한 공시가격 1억 원 이하 주택 등의 중과제외주택은 다주택자나 법인이 취득해도 취득세가 중과되지 않고, 다른 주택을 취득할 때 주택 수에도 포함되지 않는다. 한편, 주택 증여 시 취득세율은 3.5%지만 2020년 8월 12일 이후부터 조정대상지역의 공시가격 3억 원 이상 주택은 증여 취득세율이 12%로 인상됐다.

취득세 계산 시 주택 수에 포함되는 것은?

- 국내 주택만 포함된다.
- 주택의 공유지분이나 부수토지도 주택 수에 포함된다.
- 임대주택도 주택 수에 포함된다.
- 2020년 8월 12일 이후 취득한 조합원입주권, 분양권, 주거용 오피스텔은 주택 수에 포함된다.

- 같은 세대원과 공동소유하는 주택은 1채로 판단한다.

취득세에서 같은 세대원이란?

- 주민등록표에 함께 기재돼 있다면 실제로 거주하는지와 관계없이 같은 세대원
- 주민등록표에 함께 기재돼 있지 않아도 배우자 및 결혼하지 않은 30세 미만의 자녀는 같은 세대원
- 단, 소득이 있는 30세 미만 자녀가 분가한 경우, 65세 이상 노부모 동거봉양합가, 해외체류신고를 위한 주민등록의 경우에는 별도 세대로 본다.

재산세와 종합부동산세 기준일은 6월 1일

재산세와 종합부동산세는 부동산을 보유하는 동안 1년에 한 번씩 내야 하는 세금이다. 매년 6월 1일 현재 부동산을 갖고 있다면 재산세와 종합부동산세를 내야 한다. 그래서 집을 팔 때는 6월 1일까지는 잔금을 받는 것이 절세의 길이다. 반대로 집을 살 때는 6월 2일 이후에 잔금을 치르는 것이 세금을 아끼는 방법이다.

임대주택 등록으로 취득세·재산세 아끼기

임대주택으로 등록하면 다음과 같이 취득세와 재산세를 감면받을 수 있다. 자세한 내용은 7장 '주택사업자 등록으로 절세하기'를 참조하자.

□ 취득세 감면 요건(2021년 말까지)

대 상	전용면적	감면율
① 건설임대 : 공동주택 ② 매입임대 : 공동주택 또는 오피스텔 (단, 최초로 분양받은 경우만 적용)	60㎡ 이하	100% 감면

☑ 재산세 감면 요건(2021년 말까지)

구 분	전용면적	단기임대주택	장기임대주택
공동주택 또는 오피스텔 (2세대 이상 임대 시 적용)	40㎡ 이하	50% 감면	100% 감면
	60㎡ 이하	50% 감면	75% 감면
	85㎡ 이하	25% 감면	50% 감면
다가구주택 (1호 임대도 적용)	모든 호수가 40㎡ 이하	–	100% 감면

종합부동산세에서 중과세율 적용 대상

● 조정대상지역에 2주택 이상 소유자

● 비조정대상지역에 3주택 이상 소유자

● 조정대상지역 1채 + 비조정대상지역 1채 또는 비조정대상지역 2채 소유자는 중과세율
미적용

종합부동산세 절약의 핵심은 명의 분산

재산세는 부동산에 부과하기 때문에 공동명의자의 수만큼 나눠서 세액 자체가 줄지 않는다.
부인과 남편이 공동으로 소유한 부동산의 재산세가 100만 원이라면 부인에게 50만 원, 남
편에게 50만 원을 부과한다.

반면 종합부동산세는 부동산이 아니라 사람을 기준으로 부과하기 때문에 명의를 분산하면
세금이 줄어든다. 1주택일 때 단독명의는 9억 원을 공제해준다. 하지만 공동명의는 한 사람
당 6억 원을 공제해준다. 따라서 모두 12억 원을 공제받을 수 있다.

1주택이라면 부부 공동명의가 유리하고, 조정대상지역의 2주택이라면 각각 1채씩 소유하는
것이 세율 측면에서 유리하다.

법인 소유 주택의 종합부동산세 과세 방법

2021년부터 법인 소유 주택은 종합부동산세 계산 시 6억 원의 공제액을 받을 수 없고, 주택 수에 따라 개인에게 적용되는 최고세율(3%, 6%)이 단일세율로 적용된다. 또한 세부담상한 규정도 삭제돼 종합부동산세가 대폭 증가할 전망이다.

2021 한경BP 도서목록

H | bp.hankyung.com

✉ | bp@hankyung.com

f | www.facebook.com/hankyungbp

📷 | www.instagram.com/hankbp_official

세금 내는 아이들

어린이를 위한 경제 교육 동화

옥효진 지음 | 김미연 그림 | 194쪽 | 14,000원

**스스로 돈을 벌고 쓰고 모으고 투자하는
교실 속 작은 경제 국가 이야기**

화제의 어린이 경제 교육 유튜브 〈세금 내는 아이들〉 기반 어린이 동화. 개학 첫날, 새로 부임한 담임 선생님은 시우와 반 친구들에게 특별한 활동을 해볼 것을 제안한다. 아이들은 1년 동안 활명수 나라의 국민이 되어 각자 직업을 가지고 '미소'라는 화폐를 사용해 취업, 세금, 사업, 실업, 저축, 투자, 보험 등의 경제 활동을 경험하게 되는데… 스스로 돈을 벌고 쓰고 모으고 투자하는 교실 속에서 벌어지는 주인공 시우와 친구들의 좌충우돌 금융 생활을 통해 아이들은 자연스럽게 경제에 대한 개념과 이해, 그리고 돈의 흐름을 읽는 사고를 기를 수 있을 것이다.

처음부터 과학이
이렇게 쉬웠다면

1: 처음부터 화학이 이렇게 쉬웠다면
사마키 다케오 지음 | 전화윤 옮김 | 216쪽 | 15,000원

2: 처음부터 물리가 이렇게 쉬웠다면
사마키 다케오 지음 | 신희원 옮김 | 224쪽 | 15,000원

3: 처음부터 생명과학이 이렇게 쉬웠다면
사마키 다케오 지음 | 이정현 옮김 | 216쪽 | 15,000원

과학 분야 50만 부 베스트셀러 《재밌어서 밤새 읽는》 시리즈 저자 10년 만의 신작!

《재밌어서 밤새 읽는》 시리즈로 많은 독자들의 사랑을 받았던 베스트셀러 저자 사마키 다케오가 새로운 과학 시리즈로 찾아왔다. 10년 만에 선보이는 《처음부터 과학이 이렇게 쉬웠다면》 시리즈에서는 화학·물리·생명과학의 핵심 원리를 엄선한 후 내용을 유기적으로 연결하여 소개함으로써 과학적 사고의 뼈대를 세워준다는 데에 차별점이 있다.

CHAPTER
3

투자 수익을 결정하는
양도소득세

01 ··· 아는 만큼 아끼는 양도소득세

부동산 세금 중 가장 무서운 세금은 뭘까? 정답은 양도소득세다.

부동산에 대한 양도소득세는 개인이 주택, 토지, 건물 등 부동산이나 분양권, 입주권 등 부동산에 관한 권리를 양도해서 생기는 이익에 부과하는 세금이다.

양도소득세는 장기간 누적된 시세차익이 한꺼번에 과세되기 때문에 억대의 세금을 내는 경우도 흔하다. 또한 양도소득세는 각종 비과세, 감면, 중과세 규정들이 있어서 어떻게 파느냐에 따라 세금이 크게 달라진다. 비과세가 되면 세금을 한 푼도 안 낼 수도 있고, 중과세가 되면 이익의 대부분을 세금으로 내야 할 수도 있다. 하지만 세금이 복잡하고 무거운 만큼 절세할 수 있는 방법도 다양하다. 그야말로 아는 만큼 덜 내는 세금인 것이다.

양도소득세 계산 구조를 이해하고, 각 항목별로 내 상황에 맞는 방법을 찾아보는 것이 빠짐없이 절세할 수 있는 길이다. 우선 양도소득세의 계산 구조부터 알아보자.

ⓦ 양도소득세 계산하는 법

양도소득세는 다음의 3단계를 거쳐 계산한다.

1단계 : 양도차익 구하기

만약 4억 원에 집을 사서 6억 원에 팔았다면, 양도차익은 2억 원이다. 그런데 여기서 필요경비를 뺀다.

필요경비란 집을 사고팔면서 들어간 추가비용과 수리비용이다. 즉 취득세, 법무수수료, 중개수수료, 섀시 · 보일러 교체, 발코니 확장 등에 들어간 비용을 뺀다. 그러고 나서 돈이 남았으면 양도차익, 손해가 났으면 양도차손이다. 집을 팔아 오히려 손해가 났거나 남은 게 없으면 당연히 양도소득세는 없다.

2단계 : 과세표준 구하기

앞에서 계산한 양도차익에서 장기보유특별공제와 기본공제를 빼면 과세표준을 구할 수 있다.

장기보유특별공제는 말 그대로 오래 보유하면 양도차익의 일정 비율을 공제해주는 것이다. 10년 전에 산 1억 원짜리 집이 지금 1억 1,000만 원으로 올랐어도 물가상승률을 고려하면 손해다. 그래서 물가상승률을 감안해 장기보유특별공제를 해주는 것이다. 기본공제는 연 1회 250만 원을 빼준다(자세한 내용은 이 장의 '양도소득세 절세 전략 3. 장기보유특별공제 많이 받기'를 참조한다).

3단계 : 총납부세액 구하기

2단계에서 구한 과세표준에 세율을 곱한다. 거기서 누진공제액을 빼면 양도소득세가 나온다. 양도소득세는 누진세라 구간별로 계산해야 한다. 이를 쉽게 계산하다 보면 원래 금액보다 초과돼 산출되기 때문에 누진공제를 해주는 것이다.

여기까지 계산한 것이 양도소득세다. 여기에 지방소득세를 더한다. 지방소득세는 양도소득세의 10%다. 이것이 내가 납부해야 할 총 금액이다.

세금을 줄이는 가장 간단한 원칙은 공제는 최대한 많이 받고 세율은 최대한 낮추는 것이다.

양도소득세 계산 구조를 보면 절세 전략이 보인다. 논리는 간단하다. 낮을수록 좋은 것은 줄이고, 많을수록 좋은 것은 늘리면 된다. 즉 매도가는 낮추고, 취득가는 올리고, 필요경비는 늘리고, 장기보유특별공제는 올리고, 세율은 낮추면 된다.

양도소득세 계산 구조를 체크 리스트 삼아 항목별로 검토하면, 내 상황에 맞는 절세법을 빠짐없이 찾을 수 있다. 필자 역시 세무상담을 하면서 절세 방법을 찾을 때 이런 방식을 사용한다.

◘ 양도소득세 계산 구조

1단계		양도가	판 가격
	−	취득가	산 가격
	−	필요경비	취득세, 중개수수료, 수리비 등
	=	양도차익	
2단계	−	장기보유특별공제	3년 이상 보유 시 적용
	=	양도소득금액	
	−	기본공제	연 1회 250만 원 적용
	=	과세표준	
3단계	×	세율	
	−	누진공제액	
	=	양도소득세	
	+	지방소득세	양도소득세의 10%
	=	총납부세액	

양도소득세 구하기

4억 원에 산 집에서 5년간 거주하다 6억 원에 팔 때, 일반과세로 양도소득세가 얼마인지 계산해보자. 필요경비(취득세와 중개수수료 등)은 1천만 원이라고 가정하자.

1단계 : 양도차익

이 경우 양도차익은 1억 9,000만 원이다.

매도가(6억 원) – 취득가(4억 원) – 필요경비(1,000만 원)

2단계 : 과세표준

5년 보유 시 장기보유특별공제는 양도차익의 10%다. 즉 1억 9,000만 원의 10%인 1,900만 원을 빼준다.

여기에 기본공제 250만 원을 한 번 더 빼준다.

따라서 과세표준은 1억 6,850만 원이다.

3단계 : 총납부세액

과세표준 1억 6,850만 원 구간의 세율 38%를 곱한다. 그런 다음 이 구간의 누진공제액(1,940만 원)을 뺀다. 그러면 양도소득세 4,463만 원이 나온다.

여기에 양도소득세의 10%인 지방소득세 446만 3,000원을 더하면 된다.

따라서 최종 납부할 세금은 4,909만 3,000원이다.

◪ 양도소득세 계산 사례

1단계		양도가	600,000,000	매매계약서상 판 가격
	−	취득가	400,000,000	매매계약서상 산 가격
	−	필요경비	10,000,000	취득세, 중개수수료 등
	=	양도차익	190,000,000	필요경비를 뺀 실제 양도차익
2단계	−	장기보유 특별공제	19,000,000	일반공제율로 5년 보유 시 양도차익의 10%
	=	양도소득금액	171,000,000	장특공제를 적용한 양도소득금액
	−	기본공제	2,500,000	연 1회의 기본공제
	=	과세표준	168,500,000	과세표준
3단계	×	세율	× 38%	과세표준 1.5억~3억 원 구간의 세율
	−	누진공제액	19,400,000	과세표준 1.5억~3억 원 구간의 누진공제액
	=	양도소득세	44,630,000	양도소득세
	+	지방소득세	4,463,000	양도소득세의 10%
	=	총납부세액	49,093,000	총납부세액

◪ 양도소득세 세율 및 누진공제액

과세표준	기본세율	누진공제액
1,200만 원 이하	6%	−
1,200만~4,600만 원	15%	108만 원
4,600만~8,800만 원	24%	522만 원
8,800만~1.5억 원	35%	1,490만 원
1.5억~3억 원	38%	1,940만 원
3억~5억 원	40%	2,540만 원
5억 원 초과	42%	3,540만 원
10억 원 초과	45%	5,040만 원

양도소득세 절세 전략 1
취득가액 높이기

취득가액은 실제로 거래한 금액이 적힌 매매계약서로 입증하는 것이 원칙이다. 그런데 증여 혹은 상속을 받았거나 계약서를 분실해 실제 취득가를 알 수 없을 때, 세법은 별도로 취득가액 산정 방법을 정하고 있다. 이를 이용하면 업계약서 없이도 취득가액을 올릴 수 있다.

부부간 증여로 취득가액 높이기

재산을 증여받으면 세금을 내야 한다. 다만 배우자는 6억 원, 성인 자녀는 5,000만 원, 미성년 자녀는 2,000만 원, 사위나 며느리 같은 기타 친족은 1,000만 원까지는 증여세를 내지 않아도 된다. 배우자 공제가 가장 크므로 이 점을 활용하면 큰 절세 효과를 볼 수 있다. 다음의 사례를 보자.

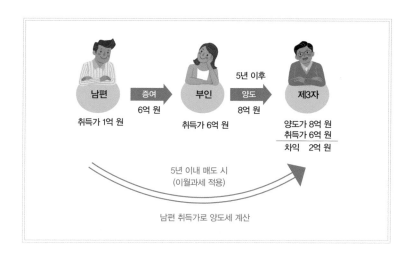

남편
증여
6억 원
취득가 1억 원

부인
5년 이후
양도
8억 원
취득가 6억 원

제3자
양도가 8억 원
취득가 6억 원
차익 2억 원

5년 이내 매도 시
(이월과세 적용)

남편 취득가로 양도세 계산

남편이 1억 원에 산 땅이 개발 붐을 타고 6억 원으로 치솟았다. 시세 6억 원의 땅을 감정평가까지 6억 원으로 받아서 부인에게 증여한다. 배우자는 6억 원까지 공제되기 때문에 증여세가 없다. 대신 공시가격 기준으로 4%의 취득세는 내야 한다.

5년 후 부인이 이 땅을 8억 원에 판다면 양도차익은 2억 원이다(8억 원-6억 원). 하지만 남편이 증여하지 않고 계속 갖고 있다가 팔았다면 양도차익은 7억 원에 달한다(8억 원-1억 원).

이처럼 증여를 통해 취득가액을 1억 원에서 6억 원으로 올릴 수 있다. 그런데 이런 경우를 모두 인정해준다면 누구나 배우자에게 증여한 후에 팔 것이고 세수는 줄어들 것이다. 그래서 이월과세 규정이 있다.

증여를 받고 5년이 되기 전에 팔면 증여 전의 취득가액으로 양도소득세를 계산한다는 규정이다. 남편이 땅을 샀을 때의 취득가액 1

억 원으로 계산해서 양도소득세를 부과하는 것이다.

증여로 취득한 물건을 5년 안에 팔면 안 된다는 얘기는 이월과세 규정 때문에 나온 말이다. 5년 이후에 팔아야 취득가액이 올라가서 절세 효과가 생긴다.

🏠 취득가액을 모를 때는 환산취득가액으로

20년 전에 산 집을 팔아서 양도소득세 신고를 하려고 매매계약서를 찾아봤지만, 분실했는지 찾을 수가 없다. 이처럼 취득 당시의 실제 거래가를 확인할 수 없을 때는 매매사례가액, 감정가액, 환산취득가액의 순서로 취득가액을 계산한다.

매매사례가액이란 취득일 전후 각 3개월 내에 비슷한 매매 사례가 있을 때 그 가격을 말한다. 또 감정가액이란 취득일 전후 3개월 이내에 둘 이상의 감정평가기관이 평가한 감정평가액의 평균이다. 그러나 실무적으로 매매사례가와 감정가를 확인할 수 없는 경우가 대부분이라 환산취득가액을 주로 사용한다.

환산취득가액이란 매도 시점과 취득 시점의 기준시가 변동률을 기준으로 매도가액에서 취득가액을 환산해낸 가액을 말한다.

가령 주택을 실거래가 10억 원에 팔았고, 현재 기준시가 6억 원, 20년 전 취득 당시 기준시가는 3억 원이었다고 하자. 그러면 비율을 적용해 취득가액을 5억 원으로 환산할 수 있다.

즉 환산취득가액는 다음과 같이 계산한다.

$$\text{환산취득가액(5억 원)} = \text{매도가액(10억 원)} \times \frac{\text{취득 시 기준시가(3억 원)}}{\text{매도 시 기준시가(6억 원)}}$$

취득 시 기준시가와 매도 시 기준시가의 차이가 적을수록 환산취득가액이 커진다. 따라서 시세는 급격히 올랐는데 기준시가는 별로 오르지 않는 토지 같은 부동산은 환산취득가액이 실제 취득가액보다 높은 경우가 많다. 이런 경우 환산취득가액으로 신고하면 세금을 줄일 수 있다. 특히 건물을 신축해서 단기간 내에 파는 경우에 환산취득원가로 신고하면 양도소득세가 매우 적게 계산된다.

이러한 꼼수를 막기 위해 2018년 이후 양도분부터는 건물을 신축하고 5년 이내에 양도하면서 환산취득가액으로 신고하면 환산취득가액의 5%를 가산세로 부과하고 있다.

한편 환산취득가액으로 신고하면 세무서에서 실지거래금액이 있는지를 조사한다. 2005년까지는 양도소득세를 실거래가가 아닌 기준시가로 신고했다. 그래서 계약서가 없어도 양도소득세 신고에 문제가 없어 계약서를 소홀히 하는 경우가 많았다.

그러나 2006년부터는 실거래가로 계산하기 시작했고, 등기부에도 실거래가를 기재하도록 했다. 따라서 2006년 이후에 취득한 부동산은 실거래가를 알 수 있기 때문에 환산가를 인정받기 어렵다.

2006년 전의 거래라도 세무서가 전 소유자나 중개인을 조사하거나, 매매 당사자 간의 금융 거래 내역을 조사할 수 있다. 그렇게 실제 거래가가 확인되면 실제 거래가로 양도소득세를 추징한다. 여기에 신고불성실 가산세와 납부불성실 가산세까지 내야 하므로 주의해야 한다.

| 절세 마스터 |

다운계약서와 업계약서

다운계약서란 부동산을 사고팔 때 실제 거래가보다 더 낮은 금액으로 쓴 허위계약서를 말한다. 다운계약서를 쓰는 이유는, 파는 사람은 양도소득세를 줄일 수 있고 사는 사람은 취득세를 줄일 수 있기 때문이다.

반대로 업계약서는 실제 거래가보다 더 높은 금액으로 쓴 계약서다. 업계약서를 쓰면 사는 사람은 대출을 더 많이 받을 수 있고, 나중에 팔 때도 양도소득세를 아낄 수 있기 때문에 작성한다.

하지만 업·다운 계약서는 엄연히 불법이다. 업·다운 계약서를 썼다가 적발되면 1세대 1주택자라도 양도소득세 비과세 혜택을 받을 수 없다. 또한 실거래가 신고 의무 위반으로 매수자와 매도자에게 모두 과태료가 부과된다.

최근 국토교통부는 실거래상설조사팀을 구성해서 부동산 실거래가 신고 내역에 대한 모니터링을 강화하고 있다. 또한 업·다운 계약서를 자진 신고하는 사람은 과태료를 면제해주는 리니언시(leniency) 제도를 도입해 서로 신고하도록 유도하고 있다.

아무리 세금을 아끼고 주택담보대출을 많이 받을 수 있다 해도 불법 행위를 해서는 안 된다. 순간의 잘못된 선택이 더 큰 세금 폭탄으로 돌아올 수 있다.

양도소득세 절세 전략 2
필요경비 높이기

앞에서 양도소득세를 계산할 때는 필요경비를 빼준다는 것을 배웠다. 그런데 아무 경비나 필요경비로 인정해주지 않는다.

양도소득세에서 필요경비란 첫 번째로 취득세, 법무사수수료, 취득 중개수수료 같은 취득 시 부대비용이다.

두 번째는 양도 중개수수료, 세무사에게 주는 양도소득세 신고비용 같은 양도비용이다.

세 번째, 부동산의 가치를 높이는 섀시·보일러 교체, 방과 발코니 확장 비용 같은 자본적 지출이다.

다만 도배·장판·마루·싱크대·주방기구·문짝·조명·하수도관·타일·변기 교체비용은 원상 회복이나 유지를 위한 수익적 지출로 본다. 따라서 필요경비로 인정해주지 않는다.

최근 화장실 수리비가 필요경비로 인정된 판례가 있으나, 판례는 해당 사건에 대한 것이지 일반적으로 적용되는 것은 아니다. 따라

> **주의!**
> 도배·장판·마루·싱크대·주방가구·문짝·조명·하수도관·타일·변기 교체 등은 수익적 지출로 보고, 필요경비로 인정하지 않는다.

서 화장실 수리비는 필요경비가 아니라고 보는 것이 좋다.

필요경비를 인정받기 위해서는 계약서, 견적서, 거래명세서, 영수증, 송금 내역 등이 있어야 하니 미리미리 잘 챙겨둬야 한다. 참고로 취득가액을 환산취득가액으로 신고할 때는 필요경비도 실제 들어간 비용이 아니라 일괄적으로 계산한다. 즉 환산취득가액의 3%를 필요경비로 인정해준다.

필요경비일까, 아닐까

필요경비에 속하는지 아닌지 헷갈릴 때가 있다. 다음과 같은 경우들이다.

너무 높은 중개수수료

여러 이유로 법정 요율 이상의 중개료를 줄 때도 있다. 부동산중개소에서 영수증을 안 끊어주려고 하겠지만, 송금 내역 등을 통해 실제로 준 돈만큼 필요경비로 처리할 수 있다.

컨설팅 비용

경매 컨설팅을 예로 들면, 건당 300~500만 원 정도는 필요경비로 인정받을 수 있다. 다만 금액이 너무 높거나 아파트 매매처럼 일반적으로 컨설팅이 필요하지 않은 경우에는 필요경비로 인정하지 않는다.

전 소유자의 체납 관리비

경매로 집을 살 경우 주로 일어나는 일인데, 체납 관리비를 대신 낼 때가 있다. 이때 공용부분은 가능하지만 전유부분은 필요경비로 인정되지 않는다.

유치권자에게 지급한 비용

역시 경매 시 일어나는 일이다. 유치권 비용은 유치권 지급 의무가 있다는 확정 판결을 받고 지급했을 때만 필요경비로 인정받는다. 협의해서 임의로 지급한 유치권 비용은 인정받지 못한다.

대항력 있는 선순위 임차인 보증금

경매 시 대항력 있는 전세보증금은 낙찰받은 사람이 인수하는 것이다. 당연히 필요경비로 인정받는다.

영수증을 잃어버렸을 때

취득세나 등록세 영수증을 분실했을 때는 주민센터에 가면 된다. 지방세 납부 내역을 떼어보면 다 나온다.

영수증이 배우자 명의일 때

남편 명의로 집을 샀어도 중개수수료는 아내가 낼 수 있다. 영수증이 배우자 명의라도 필요경비로 인정받을 수 있다.

집을 새로 지었을 때

낡은 집을 사서 새로 지었을 때, 낡은 집의 취득가를 필요경비로 인정받을 수 있을까?

집을 살 때는 땅값과 집값을 모두 치른 것이다. 하지만 집을 부수고 새로 지으면 땅은 유지되지만 집은 없어지는 셈이다. 이럴 때는 두 가지로 봐야 한다.

신축 목적으로 노후주택을 사서 단시일 내에 허물고 신축하면 노후주택 취득가를 필요경비로 처리할 수 있다. 그런데 거주하다가 집이 낡아져 신축할 수도 있다. 이 경우 허문 집에 대해서는 필요경비 처리가 안 된다. 참고로 이때는 유지된 땅값과 신축공사 비용을 합한 금액이 신축주택 취득가가 된다.

양도소득세 절세 전략 3

장기보유특별공제 많이 받기

부동산을 3년 이상 갖고 있다가 팔면 얼마나 오래 보유했느냐에 따라 장기보유특별공제(장특공제)를 받을 수 있다. 3년 이상 보유한 경우 6%를 공제하고 이후에는 1년에 2%씩 추가돼 15년 이상 보유 시 최대 30%까지 받을 수 있다.

단, 등기를 하지 않았거나 다주택자가 조정대상지역 주택을 양도하여 중과세가 적용되는 경우에는 아무리 오래 보유했어도 장기보유특별공제를 받을 수 없다.

🔽 일반 장기보유특별공제율

보유 기간	3년 이상	4년 이상	5년 이상	6년 이상	7년 이상	8년 이상	9년 이상	10년 이상	11년 이상	12년 이상	13년 이상	14년 이상	15년 이상
공제율	6%	8%	10%	12%	14%	16%	18%	20%	22%	24%	26%	28%	30%

⌂ 1세대 1주택자는 최대 80%까지 공제

1세대 1주택은 장기보유특별공제율이 훨씬 높다. 1세대 1주택자는 3년 이상 보유하고 2년 이상 거주 시 보유기간과 거주기간에 따라 각각 연 4%씩 계산해서 최대 80%의 특례공제율을 적용받을 수 있다. 원래 9억 원 이하의 1세대 1주택은 양도소득세를 내지 않아도 된다. 비과세라 양도소득세 신고 의무도 없다. 따라서 장특공제를 받을 필요도 없다.

하지만 9억 원이 넘으면 1세대 1주택이라도 전체가 비과세되지 않는다. 대신 양도차익 중 9억 원을 초과하는 부분에 대해서만 세금을 매기고, 2년 이상 거주했다면 특례공제를 해준다. 2년 이상 거주하지 않았다면 일반공제로 최대 30%까지만 받을 수 있다.

가령 보유기간이 8년이고 보유기간 중 거주기간이 4년인 1세대 1주택자는 48%(보유 8년 × 4% + 거주 4년 × 4%)의 특례공제율이 적용된다. 하지만 보유기간이 8년이라도 거주기간이 2년 미만이라면 16%(보유 8년 × 2%)의 일반공제율만 적용받을 수 있다.

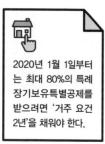

2020년 1월 1일부터는 최대 80%의 특례장기보유특별공제를 받으려면 '거주 요건 2년'을 채워야 한다.

🔽 1세대 1주택자 특례장기보유특별공제율

보유기간		3년 이상	4년 이상	5년 이상	6년 이상	7년 이상	8년 이상	9년 이상	10년 이상
1주택 (2년 이상 거주 시)	보유	12%	16%	20%	24%	28%	32%	36%	40%
	거주	12%	16%	20%	24%	28%	32%	36%	40%

⌂ 9억 원 초과분 양도소득세 계산하기

이제 구체적으로 계산을 해보자. 10년 전에 10억 원을 주고 산 집을 5년 동안 거주하고 20억 원에 팔았다고 하자. 따라서 양도차익은 10억 원이다. 1세대 1주택이라면 9억 원까지는 비과세다. 9억 원 초과분에 대한 양도차익을 계산하면 5억 5,000만 원이 나온다. 즉 양도차익 5억 5,000만 원에 대해서는 세금을 부과하고, 나머지 4억 5,000만 원에는 세금을 물리지 않는다.

이제 이 5억 5,000만 원에 대한 세금을 계산해보자. 1세대 1주택이면서 10년 보유하고 5년 거주했으니 양도차익의 60%(보유 10년 × 4% + 거주 5년 × 4%)를 공제받을 수 있다. 그래서 3억 3,000만 원이 공제된다(5억 5,000 × 60% = 3억 3,000).

이제 2억 2,000만 원이 남았다(5억 5,000 − 3억 3,000 = 2억 2,000). 여기에 기본공제 250만 원을 빼고 세율을 곱하면 양도소득세는 6,325만 원이다. 이 금액의 10%에 해당하는 지방소득세를 더하면, 내야 할 세금은 모두 6,957만 5,000원이다. 이처럼 특례장기보유특별공제를 받으면 세금이 상당히 줄어든다.

만약 2년 이상 거주하지 않았다면 특례공제 80%가 아닌 일반공제 20%만 공제된다. 계산해보면 총납부세액은 1억 6,456만 원이다. 5년간 거주했을 때의 2배가 넘는다. 주의할 점은, 아무리 1세대 1주택이라도 2년 이상 거주해야 한다는 것이다. 그러지 않으면 특례공제율이 아닌 일반공제율을 적용받는다.

구분	특례공제율 적용	일반공제율 적용
양도차익	20억 원 − 10억 원 = 10억 원	10억 원
9억 원 초과분 양도차익	10억 원 × [(20억 원 − 9억원) / 20억 원] = 5억 5,000만 원	5억 5,000만 원
장기보유특별공제	5.5억 원 × 80% = 4.4억 원	1억 1,000만 원
양도소득금액	5.5억 원 − 4.4억원 = 1.1억 원	4억 4,000만 원
양도소득세	(1억 1,000만 원 − 250만 원) × 35% − 누진공제 1,490만 원 = 2,272만 5,000원	1억 4,960만 원
지방소득세	2,272만 5,000원 × 10% = 227만 2,500원	1,496만 원
총납부세액	2,499만 7,500원	1억 6,456만 원

🏠 조합원입주권도 장기보유특별공제를 받을 수 있을까

조합원입주권과 분양권은 좀 더 주의를 기울여야 한다. 이 둘은 집 자체가 아니라 권리다. 따라서 권리 상태일 때는 장기보유특별공제를 해주지 않는다.

가령 조합원입주권을 판다고 하자. 기존주택을 산 날부터 관리처분계획 인가일까지 3년 이상이 됐다면 이 기간에 대해서는 장기보유특별공제를 해준다. 하지만 관리처분계획 인가일 이후에는 집이 아니라 권리이므로 해주지 않는다.

또한 조합원입주권을 사서 완공 후에 집을 보유하다가 팔 때는, 주택 완공 시점부터 보유기간을 계산한다. 조합원입주권을 샀을 때부터가 아니다. 즉 조합원입주권을 2016년에 샀고, 아파트는 2018년에 완공됐으며, 이 집을 2021년에 판다면 보유기간은 5년이 아니라 3년이다.

잔금일 조정하기

보유기간을 정확히 계산하지 않으면 단 하루 차이로 양도소득세를 수백만 원 이상 더 낼 수 있다.

집을 팔 때는 계약서를 쓰기 전에 보유기간을 확인해보고 잔금일을 정하는 것이 좋다. 가령 2016년 6월 15일에 산 아파트를 팔면서 2021년 6월 13일에 잔금을 받으면 장기보유특별공제율이 8%다. 그런데 하루 뒤인 6월 14일에 잔금을 받으면 만 5년의 보유기간을 채우게 돼 10%를 받을 수 있다.

만약 1세대 1주택이고, 2년 이상 거주했으며, 9억 원을 초과한다면 특례공제를 받을 수 있어 공제율이 최대 8%나 차이가 생긴다. 단 하루 차이로 많게는 수백만 원의 양도소득세를 아낄 수 있다.

◪ 양도일에 따른 양도소득세 차이

취득 시점	양도 시점	양도차익	장기보유 특별공제액	총납부세액
2015. 6. 15.	2020. 6. 13	10억 원	8,000만 원(8%)	384,945,000원
2015. 6. 15.	2020. 6. 14	10억 원	1억 원(10%)	375,705,000원
차이		–	2,000만 원	9,240,000원 감소

세율 낮추기

⌂ 중과세 피하기

정부는 부동산의 투기 거래를 억제하기 위해 특정 거래에 대해서
양도소득세를 중과한다. 특히 2021년 6월 1일 이후 양도분부터는
주택, 입주권, 분양권의 중과세율이 대폭 강화됐고, 2022년부터는
주택 외 부동산과 비사업용 토지에 대해서도 중과세율이 강화될 예
정이다. 따라서 어떤 거래가 중과세되는지 알고 중과세를 피하는
게 양도소득세 절세의 지름길이다.

단기매매는 중과세한다

정부는 부동산을 단기간에 사고파는 행위를 투기로 본다. 그래서 2
년 이내에 팔면 기본세율이 아니라 높은 세율로 과세한다. 토지·
건물은 1년 미만 보유하고 팔 때 세율이 50%, 2년 미만일 때는

40%다.

주택과 조합원입주권은 1년 미만 보유하고 팔면 40%를 적용하고, 1년만 지나도 기본세율을 적용해왔으나, 2021년 6월 1일 이후 양도분부터는 1년 미만 보유 시 70%, 2년 미만은 60%로 단기 양도세율이 강화됐다.

또한 정부는 LH 직원들의 토지 투기 논란이 일자 2021년 3월 29일 부동산 투기 근절 대책을 발표했다. 이에 따라 2022년 이후 양도분부터 토지, 상가 등 주택 외 부동산의 단기매매 양도세율도 주택·입주권과 동일하게 1년 미만 70%, 2년 미만 60%로 인상될 예정이다.

양도소득세에는 지방소득세가 추가로 과세되므로 실제 세부담액은 1년 미만 77%, 2년 미만 66%가 된다. 정부 대책은 토지 투기 근절을 위한 것인데 세법상 토지와 상가, 비주거용 오피스텔 등은 같은 세율을 적용받기 때문에 애꿎은 상가와 비주거용 오피스텔의 세금도 함께 늘어나게 된 셈이다.

분양권은 중과세한다

기존에는 비조정대상지역의 분양권은 주택 외 부동산과 동일하게 1년 미만 50%, 2년 미만 40%의 단기세율을 적용하고, 조정대상지역 분양권은 보유기간에 상관없이 50%의 세율로 중과세를 적용했다. 하지만 2021년 6월 1일 이후 양도분부터는 소재지와 상관없이 1년 미만 보유 시 70%, 1년 이상 보유 시 60%로 중과세된다.

단기매매 시 양도소득세율

보유기간	2021년 5월 31일 이전			2021년 6월 1일 이후		2022년 이후
	주택 외 부동산	주택·입주권	분양권*	주택·입주권	분양권	주택 외 부동산
1년 미만	50%	40%	50%	70%	70%	70%
2년 미만	40%	기본세율	40%	60%	60%	60%
2년 이상	기본세율	기본세율	기본세율	기본세율		기본세율

*조정대상지역 분양권은 50% 세율 적용

다주택자의 조정대상지역 내 주택은 중과세한다

기존에는 1세대 2주택자가 조정대상지역 내 주택을 양도하면 기본세율에 +10%p 중과세하고, 1세대 3주택 이상일 때는 +20%p 중과세했다. 하지만 2021년 6월 1일 이후 양도분부터 중과세율을 강화해 1세대 2주택자는 기본세율 +20%p, 1세대 3주택 이상은 기본세율 +30%p로 중과세된다.

비사업용 토지는 중과세한다

비사업용 토지란 사업과 관련 없이 보유하고 있는 토지를 말한다. 농사를 직접 짓지 않는 농지, 거주지와 멀리 떨어진 임야, 건물 없이 놀리고 있는 나대지 등이 대표적인 비사업용 토지다.

조정대상지역 주택 양도 시 중과세율

구분	2021년 5월 31일 이전 양도	2021년 6월 1일 이후 양도
1세대 2주택	기본세율 +10%p	기본세율 +20%p
1세대 3주택 이상	기본세율 +20%p	기본세율 +30%p

그간 정부는 비사업용 토지를 투기 목적으로 보고 기본세율에 +10%p를 중과세하는 한편, 보유기간에 따른 장기보유특별공제는 적용해왔다. 그러나 부동산 투기 근절 대책(2021년 3월 19일)을 통해 2022년 이후 양도분부터는 비사업용 토지의 중과세율을 +20%p로 인상하고, 보유기간에 따른 장기보유특별공제도 적용하지 않기로 했다.

예를 들어 비사업용 토지 거래를 15년간 보유하다 5억 원의 차익을 보고 양도하는 경우, 2021년 양도소득세는 약 1억 6,300만 원이다. 하지만 2022년에 양도하면 약 3억 원으로 세 부담이 2배가량 증가한다.

따라서 비사업용 토지를 소유하고 있다면 미리 양도소득세를 계산해보고 2021년 내에 양도하거나, 장기적으로 사업용 토지로 전환하는 것을 고려할 필요가 있다.

주말농장용 농지는 사업용 토지에서 제외된다

농지는 원칙적으로 해당 농지 소재지에서 재촌, 자경한 경우에만 사업용 토지로 인정한다. 예외적으로 1,000㎡ 이하의 소규모 농지는 주말농장용으로 취득하고 재촌, 자경하지 않아도 사업용 토지로 보아 중과세하지 않고 있다. 가령 서울에 사는 사람이 강원도에 주말농장용으로 1,000㎡ 이하의 땅을 사서 농사를 짓지 않아도 양도시 사업용 토지로 보는 것이다.

하지만 2022년 양도분부터는 주말농장용으로 취득한 토지도 재촌, 자경하지 않으면 비사업용 토지로 보아 양도소득세가 중과되고 장기보유특별공제도 받을 수 없다.

미등기 부동산은 중과세한다

미등기 부동산은 70% 세율로 중과세한다.

⌂ 여러 해에 나누어 팔기

양도소득세는 1월 1일부터 12월 31일까지 발생한 양도차익을 모두 합해서 매긴다. 따라서 한 해에 집을 여러 채 팔면 세율이 급격히 올라간다.

가령 양도차익이 각각 5,000만 원인 집 2채를 같은 해에 팔면 양도차익은 모두 1억 원이다. 따라서 세율은 35%로 총 2,114만 7,500원의 세금을 내야 한다(양도소득세 + 지방세).

⬇ 한 해에 팔았을 때 vs 나누어 팔았을 때

(단위: 원)

양도소득금액	100,000,000	50,000,000
양도소득 기본공제	2,500,000	2,500,000
과세표준	97,500,000	47,500,000
세율	35%	24%
산출세액	19,225,000	6,180,000
자진납부할 세액	19,225,000	6,180,000
지방소득세 자진납부세액	1,922,500	618,000
총납부세액	21,147,500	6,798,000

이럴 때는 1채의 잔금일을 다음 해 1월 1일로 미루자. 그러면 양도차익이 5,000만 원이므로 세율은 24%가 된다. 1채당 679만 8,000원만 내면 된다. 2채니까 1,359만 6,000원. 한 해에 2채를 팔 때보다 총 655만 1,500원을 아낄 수 있다.

명의 분산하기

앞서 배웠듯이 양도소득세는 부부라도 개인별로 계산한다. 따라서 공동명의로 하면 이익이 분산돼 세금이 줄어든다.

양도차익이 1억 원일 때 단독명의라면 2,114만 7,500원을 내야 한다. 반면 공동명의라면 인별로 679만 8,000원, 총 1,359만 6,000원이다. 655만 1,500원을 아낄 수 있는 것이다.

방금 알아본 매도 시기 분산과 명의 분산을 동시에 적용하면 더 많은 세금을 절세할 수 있다.

손해 난 집과 이익 본 집 같이 팔기

이익이 난 부동산과 손해가 난 부동산을 같은 해에 팔면 양도소득세를 줄일 수 있다. 예를 들어 올해 아파트 2채를 팔았는데, 1채는 1억 원의 차손이 발생하고, 1채는 1억 원의 차익이 났다면 올해의 양도차익은 0원이다. 따라서 양도소득세가 없다.

부동산뿐만 아니라 골프, 콘도, 헬스회원권 등의 양도차손도 부동산의 양도차익과 통산이 가능하다. 가격이 떨어진 회원권이 있다면 부동산과 같은 해에 팔아서 양도소득세를 줄이자.

| 절세 마스터 | **매도 시기 분산, 명의 분산의 효과**

김절세 씨는 2채의 아파트를 매도했다. 납부해야 할 세금은 얼마일까? 2채 모두 취득가 1억 원, 양도가 2억 원이며, 비조정지역이고, 2년 보유했으며, 필요경비는 없다고 가정해보자.

case 1 : 단독명의이고 2채 모두 연말에 매도했을 경우
case 2 : 단독명의이고 연말, 연초에 나누어 매도했을 경우
case 3 : 공동명의이고 연말, 연초에 나누어 매도했을 경우

◘ 명의·매도 시기 분산의 효과
(단위: 원)

	구분	case 1 단독명의 / 한 해 매도	case 2 단독명의 / 분산 매도	case 3 공동명의 / 분산 매도
	양도가액	400,000,000	200,000,000	100,000,000
(−)	취득가액	200,000,000	100,000,000	50,000,000
(−)	필요경비	−	−	−
=	양도차익	200,000,000	100,000,000	50,000,000
(−)	장기보유특별공제	−		−
=	양도소득금액	200,000,000	100,000,000	50,000,000
(−)	기본공제	2,500,000	2,500,000	2,500,000
=	과세표준	197,500,000	97,500,000	47,500,000
(×)	세율	38%	35%	24%
=	양도소득세 산출세액	55,650,000	19,225,000	6,180,000
(+)	지방소득세	5,565,000	1,922,500	618,000
=	총납부세액(건별)	61,215,000	21,147,500	6,798,000
(×)	건수	1	2	4
=	총납부세액	61,215,000	42,295,000	27,192,000

세금을 제대로 신고하고 제때 납부하는 것만큼 손쉬운 절세법도 없다. 어차피 낼 세금이라면 성실 납부로 불필요한 가산세를 내지 않도록 하자.

예정신고 & 확정신고

양도소득세는 집을 판 달의 말일부터 2개월 이내에 신고하고 납부해야 한다. 만약 4월 5일에 팔았다면, 4월 30일부터 2개월 이내인 6월 30일까지다. 이를 예정신고라고 한다.

1월 1일부터 12월 31일까지 한 해 동안 1채만 팔았다면 예정신고만 하면 된다.

만약 한 해에 2채 이상을 팔았다면, 각각 예정신고를 한 후 그해에 발생한 양도차익을 합산해서 다음 해 5월 말까지 확정신고를 해

**양도소득세 신고 시
필요한 서류**

● 매매계약서
● 부동산 취득세/등록
　세 영수증
● 법무사수수료 계산내
　역서
● 방·발코니 확장공
　사, 보일러 교체 등
　자본적 지출 관련 영
　수증

야 한다. 만약 예정신고 시에 이미 합산해서 신고했다면 확정신고
를 하지 않아도 된다.

신고불성실 가산세 & 납부지연 가산세

예정신고 기간에 신고하지 않으면 신고불성실 가산세를 내야 한다.
이는 다시 무신고 가산세와 과소신고 가산세로 나뉜다. 전자는 신
고를 아예 한 했을 때, 후자는 실제보다 적게 신고했을 때 물린다.

무신고 가산세는 납부 세액의 20%에 달해 타격이 크다. 과소신
고 가산세는 납부 세액의 10%다.

납부지연 가산세는 일별로 계산된다. 양도소득세를 낼 때까지 계
속 늘어나는 것이다. 하루에 0.025%이니 1년이면 9.125%나 된다.
세무서가 바로바로 알려주지도 않는다. 2~3년 뒤에 부과하는 경우
도 있기 때문에 납부지연 가산세를 만만히 보면 안 된다.

양도소득세 절세법

부부간 증여로 취득가액 높이기

가격이 많이 오른 부동산은 배우자에게 증여를 하면 훗날 양도소득세를 줄일 수 있다. 증여를 통해 취득가액이 높아지기 때문이다. 부부간에는 6억 원까지 증여세가 없기 때문에 취득세 정도만 부담하면 증여가 가능하다.

아파트는 실제로 거래된 금액 중 유사매매사례 금액으로 증여세 신고를 하면 되고, 매매사례가 없는 토지나 건물은 시세대로 감정평가를 받아서 증여세 신고를 해두면 양도 시에 취득가액으로 인정받을 수 있다.

단, 증여 후 5년 미만에 팔면 이월과세 규정이 적용되어 증여 전의 취득가로 양도소득세를 계산한다. 따라서 최소한 5년 이후에 팔아야 절세 효과가 있음에 주의하자.

필요경비 처리하기

양도소득세 계산 시 필요경비를 빼주므로 영수증은 꼬박꼬박 잘 모아놓자. 양도소득세에서 필요경비란 다음과 같다.

- 취득 시 부대비용 : 취득세, 법무사수수료, 취득 중개수수료 등
- 양도비용 : 양도 중개수수료, 세무사에게 주는 양도소득세 신고비용 등

● 자본적 지출 : 부동산의 가치를 높이는 섀시 · 보일러 교체, 방 · 발코니 확장 비용 등

단, 도배 · 장판 · 마루 · 싱크대 · 주방기구 · 문짝 · 조명 · 하수도관 · 타일 · 변기 교체에 든 비용은 수익적 지출로 본다. 따라서 필요경비로 인정해주지 않는다.

장기보유특별공제 최대한 받기

부동산을 3년 이상 갖고 있다가 팔면 보유기간에 따라 장기보유특별공제를 해준다. 단, 조정대상지역 다주택자는 장특공제를 받을 수 없다. 따라서 다음과 같은 공제율을 숙지하고, 집을 팔 때는 계약서를 쓰기 전에 보유기간을 확인하고 잔금일을 정하는 것이 절세하는 방법이다.

1세대 2주택 이상일 때 장기보유특별공제율
● 3년 이상 보유 : 양도차익의 6%, 4년 이상 보유 : 8%, 5년 이상 보유 10%
 * 1년에 2%씩 추가돼 최대 30%까지 가능.

1세대 1주택일 때 9억 원 초과분 장기보유특별공제율
● 2년 이상 거주, 3년 이상 보유 : 양도차익 중 9억 원 초과분에 대해 거주 1년당 4%, 보유 1년당 4%씩 공제율 적용
 * 10년 보유, 10년 거주 시 최대 80%까지 가능. 단, 2년 이상 거주하지 않으면 일반공제로 최대 30%까지만 가능

매도 시기 분산하기

양도소득세는 1월 1일부터 12월 31일까지 발생한 모든 양도차익을 합산해 과세한다. 양도차익이 많아지면 세율이 높아지므로 잔금일을 조정하는 방식 등으로 가능한 한 여러 해에 나누어 파는 것이 유리하다.

명의 분산하기

양도소득세는 개인별로 부과되므로, 명의를 공동으로 하면 이익이 분산되어 세금이 줄어든다. 양도차익이 1억 원일 때 단독명의와 공동명의의 양도소득세 차이는 655만 원이 넘는다. 물론 공동명의일 때가 더 적다. 매도 시기 분산에 명의 분산까지 하면 절세 효과는 훨씬 커진다.

차익 부동산과 차손 부동산 한 해에 팔기

올해 아파트 2채를 팔았는데, 1채는 1억 원의 양도차손이 발생하고 1채는 1억 원의 양도차익을 얻었다면 올해의 양도차익은 0원이기 때문에 양도소득세가 부과되지 않는다. 따라서 손해 난 집과 이익 난 집을 같은 해에 팔면 양도소득세를 줄일 수 있다.

단, 1세대 1주택으로 비과세되는 주택에서 발생한 양도차손은 다른 부동산의 양도차익과 통산할 수 없다.

CHAPTER
4

양도소득세
비과세 혜택 받기

01 ··· 1세대 1주택 비과세의 조건

🏠 1세대 1주택 비과세의 조건

양도소득세 절세법 중 가장 좋은 방법은 1세대 1주택 비과세다. 비과세되면 양도가액 9억 원 이하인 주택은 세금이 전혀 없다. 9억 원을 넘는 고가주택도 전체 양도차익 중 9억 원을 초과하는 부에 대해서 분만 양도소득세를 낸다(9억 원 초과분 양도소득세 계산은 93페이지 참조) 또한 다주택자라도 다른 주택을 모두 매도하고 나서 최종 1주택에 대해서는 비과세를 받을 수 있다. 하지만 1세대 1주택 비과세 규정은 예외 규정이 많고 복잡하기 때문에 결코 만만하게 봐서는 안 된다. 특히, 2021년부터 강화된 보유기간 요건인 '최종 1주택' 규정이 적용되므로 주의해야 한다. 비과세인 줄 알고 팔았는데 비과세가 안 되면 대형사고가 터진다. 특히 조정대상지역 주택이라면 중과세에 가산세까지 세금 폭탄을 맞을 수도 있다.

1주택자라도 1세대 1주택 비과세 혜택을 받으려면 보유기간과 거주기간을 반드시 체크해야 한다.

따라서 비과세를 판단할 때는 요건을 하나하나 꼼꼼히 체크해보고 세무 전문가의 도움을 받아 의사결정을 하는 게 좋다.

1세대 1주택 비과세 요건은 다음과 같다.

① 1세대가

② 양도일 현재 1주택을 보유하고 있는 경우로서

③ 해당 주택의 보유기간이 2년 이상일 것(단, 다주택자는 최종 1주택이 된 날부터 보유기간 기산)

④ 취득 당시 조정대상지역에 있는 주택은 보유기간 중 거주기간이 2년 이상일 것.

방심하면 몇 억씩 세금을 더 내게 될 수도 있으니 하나하나 자세히 알아보도록 하자.

🏠 1세대란?

1세대의 범위는 생각보다 넓다. 나와 배우자, 자녀는 물론이고 나의 부모, 배우자의 부모, 나의 형제자매, 배우자의 형제자매, 내 자녀의 배우자(사위, 며느리)까지 한 주소지에서 생계를 같이 하면 모두 1세대다. 따라서 1세대 1주택이란 함께 사는 가족 모두 합쳐 1주택이라는 뜻이다.

만약 주민등록표에 함께 기재된 부모가 집 1채를 갖고 있고 자녀도 1채를 소유했다면 1세대 2주택이다. 따라서 1세대 1주택 비과세 혜택도 받을 수 없고, 조정대상지역의 주택이라면 먼저 파는 주택은 다주택 중과세를 적용받는다.

이때 세대를 분리하면 부모와 자녀 모두 1세대 1주택으로 비과세 혜택을 받을 수 있다. 설령 비과세 요건을 갖추지 못했다 해도 다주택자 중과세는 피할 수 있다.

그렇다면 자녀와 따로 살기만 하면 별도 세대로 볼까?

| 절세 마스터 |

해외 이민자도 한국 가서 183일 살면 비과세 가능한가요?

1세대 1주택 비과세는 거주자에 대해서만 적용한다. 여기서 '거주자'란 한국에 사는 사람을 말한다. 외국에 사는 사람은 비거주자고, 그 사람은 1주택자라도 비과세되지 않는다. 외국에서 오래 거주하거나 이민을 간 경우에는 비거주자에 해당돼 비과세가 되지 않을 수 있다.

거주자에 해당되는지 여부는 한국에 거주한 기간(최소 183일 이상), 한국에 직업이 있는지 여부, 다른 가족의 거주지 및 재산 보유 현황 등을 종합적으로 고려해서 결정한다. 이민 가기 전에 사둔 주택을 비과세 받기 위해서 일시적으로 국내에 183일 이상 거주한다고 해서 거주자가 되는 것이 아니다. 다른 가족이 모두 국외에 거주하고, 재산도 국외에 있어서 앞으로도 계속 국외에 거주할 것이 예상되는 사람은 국내에서 183일 이상 거주했다고 해도 거주자로 보지 않는다.

거주자로 인정받기 위해서는 국내에서 직업을 구하거나, 국외 재산을 매각하고, 국내에서 거주할 목적으로 집을 사거나 빌리는 등 국내 거주자와 동일하게 생활해야 한다.

◆ 1세대의 범위

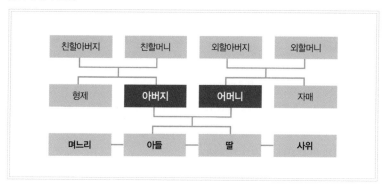

그렇지 않다. 세법에서는 배우자가 없는 단독 세대는 별도의 1세대로 인정하지 않는다. 즉 결혼을 해야 별도의 세대를 꾸릴 수 있다. 하지만 요즘 같은 1인 1가구 시대에 독신으로 사는 사람들이 세대 분리를 할 수 없다면 이는 과도한 제한이 될 것이다. 그래서 배우자가 없어도 세대를 구성할 수 있는 3가지 예외 규정을 두고 있다.

① 거주자의 연령이 30세 이상인 경우
② 배우자가 사망하거나 이혼한 경우
③ 소득이 최저생계비(1인 가구 기준 월 70만 원 정도) 이상으로서, 집이나 땅을 유지 · 관리하면서 독립된 생계를 꾸려나갈 수 있는 경우(미성년자 제외)

간혹 세대 분리 규정을 악용해 부모와 자녀가 실제로는 같이 살면서 주민등록만 다른 곳으로 옮겨놓는 경우가 있다. 운이 좋다면 걸

| 절세 마스터 |

세대 판단 시점은 집을 살 때가 아니라 팔 때

세대를 판단하는 시점은 주택 양도 시점이다. 가령 30세 미만의 딸 명의로 집을 샀어도 딸이 30세가 넘어 세대 분리를 하면 별도 세대로 본다. 집을 파는 시점에 자녀가 30세 미만이라면 결혼을 시키거나 취업을 시킨 뒤 따로 살게 하면 세대 분리가 가능하다.

단, 미혼인 자녀가 직장 기숙사에서 생활하는 경우에는 근무상 형편으로 일시 퇴거한 것으로 보아 별도 세대로 인정하지 않은 사례도 있다.

리지 않고 비과세로 처리될 수 있지만, 적발되는 경우에는 부당과소신고 가산세(40%)와 납부불성실 가산세까지 세금 폭탄을 맞을 수 있으니 주의해야 한다.

양도일 현재란?

1세대 1주택 비과세는 양도일 현재를 기준으로 판단한다. 따라서 다주택자라도 다른 주택을 모두 처분하고 1주택만 남은 상태에서 양도하면 비과세가 가능하다. 양도일 현재에는 1세대 1주택자이기 때문이다.

매매 시에 양도일은 잔금일과 소유권이전등기 접수일 중 빠른 날이다. 잔금을 치르기도 전에 소유권이전을 해주는 경우는 거의 없기 때문에 보통은 잔금을 완납한 날이 양도일이 된다. 계약일이

잔금일을 조정할 수 없다면 소유권이전등기부터

이달 안에 집을 팔아야 일시적 1세대 2주택으로 비과세되는데 집이 안 팔리는 경우가 있다. 복비를 2배로 치르고서라도 팔려고 하지만 사겠다는 사람이 없어 애가 탄다. 그러던 찰나, 매수자가 나타났는데 잔금을 다음 달에 치를 수 있다고 한다. 잔금일이 다음 달로 넘어가면 중과세로 2억 5,000만 원의 양도소득세를 내야 한다. 이런 경우 어떻게 해야 할까?

잔금을 받기 전에 소유권 먼저 넘기는 방법이 있다. 잔금액만큼 전세계약을 하고, 매수자가 잔금을 내겠다고 약속한 날짜에 전세보증금으로 상환받으면 된다.

이렇게 하면 소유권이전등기를 이달 안에 할 수 있다. '잔금일과 소유권이전등기 접수일 중 더 빠른 날'이 주택 처분일이라는 점을 안다면 이런 상황에도 얼마든지 대처가 가능하다.

아님에 주의하자.

🏠 2년 이상 보유할 것(단, 다주택자는 최종1주택 규정 적용)

비과세를 받으려면 양도하는 주택은 양도 시점에 2년 이상 보유했어야 한다. 그런데 2021년부터는 비과세를 위한 보유기간 요건이 강화됐다. 여기서 보유기간이란 취득일부터 양도일까지의 기간을 말한다. 다주택자가 1주택 외의 주택을 모두 양도한 경우에는 양도 후 최종 1주택만 보유하게 된 날부터 보유기간을 기산한다('최종 1주택' 규정). 쉽게 말해 2021년부터 1세대 1주택 비과세를 받기 위한 2년 보유기간은 다주택인 기간은 제외하고 최종 1주택이 된 날부터 기산하겠다는 뜻이다.

다음 사례를 통해 구체적으로 알아보자.

2020년 말까지 비과세 판단

이 사례에서 A주택, B주택을 양도한 뒤 2020년에 마지막 C주택을 양도한 경우 C주택의 비과세를 위한 2년 보유기간은 취득일부터 양도일까지로 계산한다. 따라서 비과세가 가능했다. 2020년까지는 최종 1주택 규정이 적용되지 않았기 때문이다.

2021년 이후 비과세 판단

만약 2021년 이후 A주택, B주택, C주택을 순차적으로 팔면 개정 규정이 적용돼 B주택을 팔고 최종 1주택이 된 날부터 비과세 2년 보유기간을 기산한다. 따라서 B주택을 팔고 2년을 추가로 보유해야 C주택의 비과세가 가능하다.

이러한 비과세 보유기간 요건 강화 규정은 투기 목적의 다주택자들이 종전주택을 양도하고 남은 1주택을 단기간 내에 비과세 받는 것을 어렵게 만들기 위한 것이다.

그런데 최종 1주택이 된 날부터 비과세 보유기간을 기산한다는 규정에도 예외가 있다. 일시적 1세대 2주택(상속주택, 혼인주택, 동거봉양주택 등) 비과세 특례가 적용되는 경우다. 이런 경우는 투기와는 관계가 없으므로 종전주택과 신규주택 모두에 개정 규정을 적용하지 않는다. 따라서 비과세 판단 시 보유기간은 최초 취득일부터 기산한다.

가령 A주택을 2018년 2월에, B주택을 2019년 3월에 샀다고 하자. A주택을 사고 1년 이상 지난 후 B주택을 샀고, B주택을 산 후 3년 이내에 A주택을 팔면 일시적 1세대 2주택 비과세 혜택을 받을 수 있다.* 물론 A주택은 2년 이상의 보유기간 및 거주기간을 충족했다.

이제 B주택만 남아서 1주택자가 됐다. B주택을 비과세 받으려면 언제 팔아야 할까? 최종 1주택 규정에 따르면, A주택을 팔고 1주택자가 된 시점부터 2년 이상 보유해야 한다. 하지만 일시적 1세대 2주택 비과세를 적용받았으므로 최종 1주택 규정이 적용되지 않는다. 즉 B주택 취득일로부터 2년만 지났다면 바로 비과세된다.

* 만약 A, B주택 모두 조정대상지역 주택이라면, B주택을 산 후 1년 이내에 A주택을 팔고 B주택으로 전입해야 비과세가 가능하다.

하지만 일시적 2주택 비과세 요건을 갖췄다고 해서 무조건 최종 1주택 규정이 적용되지 않는 것은 아니다. 만약 2주택자가 비과세 특례가 적용되지 않는 주택을 양도(과세)하여 한 번 최종 1주택 규정이 적용됐다면, 새로운 주택을 취득해 일시적 2주택이 되더라도 여전히 최종 1주택이 된 날부터 보유기간을 기산하므로 주의해야 한다.

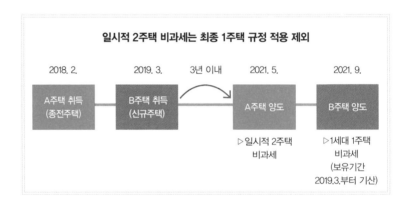

다음 사례에서 A주택과 B주택을 보유하다 B주택을 과세로 양도하면 A주택은 최종 1주택 규정이 적용된다. 이렇게 한 번 최종 1주택 규정이 적용된 상태에서 C주택을 신규로 취득해 일시적 2주택이 된 경우에는 A주택의 양도세 비과세 판단 시 보유기간은 B주택 양도일 이후부터 기산한다. 따라서 최종 1주택 규정이 적용돼 비과세가 되지 않는다.

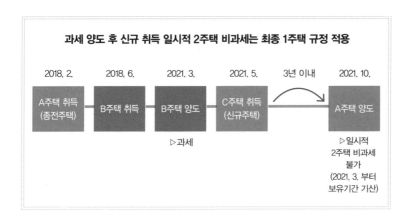

과세 양도 후 신규 취득 일시적 2주택 비과세는 최종 1주택 규정 적용

2018. 2.	2018. 6.	2021. 3.	2021. 5.	3년 이내	2021. 10.
A주택 취득 (종전주택)	B주택 취득	B주택 양도	C주택 취득 (신규주택)		A주택 양도

▷과세

▷일시적
2주택 비과세
불가
(2021. 3. 부터
보유기간 기산)

| 절세 마스터 |

최종 1주택 규정 제대로 알기

1세대 1주택 비과세를 위한 보유기간을 최종 1주택이 된 날부터 기산한다는 최종 1주택 규정은, 도입 시부터 세무 전문가들 사이에서 모호한 규정으로 논란이 돼왔다. 법 문구만으로는 세부적으로 어떻게 적용되는지 알기 어려웠기 때문이다. 현재까지 밝혀진 적용 방법은 다음과 같다.

2021년 1월 1일 현재 1주택만 보유하고 있는 경우 최종 1주택 규정이 적용되지 않는다

최종 1주택 규정은 2020년 말까지 다른 주택을 모두 양도하고 2021년 1월 1일 현재 1주택인 경우에는 적용되지 않는다. 따라서 2주택자가 2020년 말 1주택을 양도하고 남은 1주택을 2021년 양도하는 경우, 최종 1주택이 된 날부터가 아닌 해당 주택 취득일부터 2년 이상 보유하면 비과세가 가능하다.

거주기간 요건이 있는 주택은 다시 2년 거주해야 비과세가 가능하다

2주택 이상을 보유한 1세대가 다른 주택을 모두 양도하고 1주택만 남은 경우, 그 최종주택의 1세대 1주택 비과세 판단을 위한 보유기간 및 거주기간은 최종 1주택을 보유하게 된 날부터 새로 기산한다.

따라서 취득 당시 조정대상지역에 소재하여 거주 요건이 있는 주택은 이미 거주기간을 채웠더라도 최종 1주택이 된 이후 다시 2년을 거주해야 비과세가 가능하다.

증여, 용도변경도 최종 1주택 규정이 적용된다

최근 세법이 개정됨에 따라 최종 1주택 규정은 양도뿐만 아니라 증여 및 건축법상 용도변경으로 최종 1주택이 된 경우에도 적용된다. 기존에는 다주택자가 다른 주택을 '양도'하여 최종 1주택이 된 경우에 최종 1주택 규정을 적용하도록 돼 있었다.

그러나 개정된 규정은 '양도'를 증여, 건축법상 용도변경을 포함한 '처분'으로 변경했다. 따라서 2주택자가 1주택을 자녀 등 별도 세대원에게 증여해 1주택만 보유하거나, 건축법상 주택을 상가로 용도변경해(주거용으로 사용하던 오피스텔을 업무용 건물로 사실상 용도변경하는 경우 포함) 1주택만 보유하게 되는 경우에도 증여일, 용도변경일 이후부터 비과세 보유기간을 기산한다.

개정 규정은 2021년 2월 17일 이후에 증여, 용도변경하는 분부터 적용한다.

양도세율 및 장기보유특별공제는 취득일부터 기산

최종 1주택 규정은 비과세 판단 시에만 적용한다. 세율 및 장기보유특별공제를 판단할 때는 적용하지 않는다. 가령 2021년 이후 2주택자가 1주택을 양도(과세)하고 최종 1주택을 바로 양도하는 경우, 비과세 혜택을 받을 수 없다. 하지만 세율은 주택 취득 시점부터 보유기간을 기산하여 2년 이상이면 일반세율이 적용된다.

또한 장기보유특별공제율도 최종 1주택이 된 시점이 아닌 주택 취득 시점부터 보유기간 및 거주기간을 포함해 특례장기보유특별공제를 적용받을 수도 있다. 가령 최종 1주택 규정 때문에 비과세를 못 받더라도, 양도 시점에 1세대 1주택이고 해당 주택의 보유기간과 거주기간이 각각 10년 이상이라면 80%의 특례장기보유특별공제율을 적용받을 수 있다.

취득 당시 조정대상지역에 있는 주택은 2년 이상 거주할 것

1세대 1주택 비과세를 적용받으려면 보유기간이 2년 이상이어야 한다. 단, 2017년 8월 3일 이후 조정대상지역에서 주택을 취득한 경우 보유기간 중 2년 이상 거주해야 비과세된다.

여기서 중요한 점은 거주 요건 유무는 취득일을 기준으로 판단한다는 것이다. 따라서 조정대상지역에서 취득한 주택은 조정대상지역 해제 후에 양도하더라도 거주 요건을 채워야 비과세된다. 반면, 주택 취득 당시 조정대상지역이 아니었다면 이후 조정대상지역으로 지정되더라도 거주 요건은 없다.

정리하면 다음과 같다.

취득 당시	양도 당시	거주 요건 유무
조정대상지역	비조정대상지역	거주 요건 있음
비조정대상지역	조정대상지역	거주 요건 없음

한편, 2021년 이후 다주택자가 다른 주택을 모두 처분하고 1주택만 남은 경우에는 최종 1주택이 된 날부터 비과세를 위한 보유기간 및 거주기간을 기산한다(최종 1주택 규정).

따라서 취득 당시 조정대상지역에 소재하여 거주 요건이 있는 주택이라면 이미 거주기간을 채웠더라도 최종 1주택이 된 이후 다시 2년을 보유 및 거주해야 비과세가 가능함에 주의해야 한다.

조정대상지역에서 취득했어도 거주 요건이 없는 경우

2017년 8월 3일 이후 조정대상지역에서 주택을 취득했어도 다음 2가지 경우는 거주 요건을 적용하지 않는다.

무주택 세대가 조정대상지역 공고일 이전에 매매계약을 체결하고 계약금을 지급한 경우

주택 매수계약 당시에는 조정대상지역이 아니었더라도 잔금 전에 조정대상지역으로 지정되면 거주 요건이 생긴다. 거주 요건은 계약일이 아닌 취득일을 기준으로 판단하기 때문이다.

예외적으로, 1세대가 무주택 상태에서 조정대상지역 지정 공고일 이전에 매매계약을 체결하고 계약금을 지급한 사실이 증빙서류로 확인된다면, 해당 거주자가 속한 1세대가 계약금 지급일 현재 무주택인 경우에는 거주 요건을 적용하지 않는다.

여기서 계약금 지급이란 계약금을 완납한 것을 의미하고, 계약금 일부를 조정대상지역 공고일 이후 지급했다면 거주 요건을 적용한다.

2019년 12월 16일 이전에 임대주택으로 등록하고 의무 임대기간을 충족한 경우

지방자치단체와 세무서에 주택임대사업자로 등록한 후 의무임대기간(단기 4년, 장기 8년)을 채우고 임대료 5% 증액 제한 규정을 준수한 뒤 양도하는 경우, 비과세 판단 시 거주 요건을 적용하지 않는다.

단, 이러한 혜택은 2019년 12월 16일 이전에 등록한 임대주택만 가능하다.

⌂ 2년 보유 및 거주 안 해도 비과세되는 경우

1세대 1주택 비과세를 받으려면 2년 이상 보유하고, 취득 당시 조정대상지역 주택은 2년 이상 거주해야 한다. 하지만 다음의 경우에는 보유기간과 거주기간의 제한을 받지 않고 비과세가 가능하다.

임대주택이 분양 전환됐을 때

민간·공공 임대주택이 분양으로 전환되는 경우가 있다. 이렇게 분양 전환된 집을 샀다면, 세대원 모두 5년 이상 거주한 경우 2년 보유·거주 요건이 없다. 이미 임대로 5년 이상 살았기 때문이다.

국가에 수용될 때

도로가 생기면서 내 집이 수용당하는 경우가 있다. 수용당하는 것도 억울한데 2년 보유·거주를 안 했다고 세금까지 내는 것은 과하다고 보고 예외로 인정한다.

세대 전원이 해외로 이주할 때

세대원 모두가 해외로 이주하는 경우, 출국일 현재 1세대 1주택이고 출국일로부터 2년 이내에 판다면 예외로 인정해준다.

취학이나 근무로 세대 전원이 출국할 때

학교나 직장 때문에 세대원 모두가 1년 이상 해외로 나갈 경우, 출국일 현재 1세대 1주택이고 출국일로부터 2년 이내에 팔면 예외로 인정한다.

1년 이상 거주한 집을 부득이한 사유로 팔 때

학교나 직장 때문에, 또는 질병으로 요양이 필요해서 집을 팔고 이사해야 할 때가 있다. 이런 경우에는 1년 이상 거주하고 팔면 2년 보유·거주를 하지 않아도 비과세가 가능하다. 단, 거리가 꽤 멀어야만 하는 등 예외로 인정받기가 까다롭다.

비과세 주택 수 계산법, 확실히 알자

이제 비과세 판단 시 주택 수를 따지는 방법을 자세히 알아보자. 주택 수를 잘못 판단하면 비과세는커녕 세금 폭탄을 맞을 수 있다. 따라서 내가 가진 집이 몇 채인지 정확히 판단할 줄 알아야 한다. 또한 2022년부터는 상가주택과 주택부수토지의 비과세 범위도 줄어들기 때문에 주의가 필요하다.

다세대주택은 1호가 1주택, 다가구주택은 전체가 1주택

다세대주택은 호별로 개별등기가 되기 때문에 당연히 1주택이 아니다. 반면 다가구주택은 구분등기가 되지 않고 통째로 양도하는 경우에는 1주택으로 본다.

다가구주택이란 ① 주택으로 쓰는 층(지하층 제외)이 3개 층 이하이고 ② 주택으로 쓰이는 바닥 면적이 $660㎡$ 이하이며 ③ 19가구 이하인 주택을 말한다.

이 요건에 맞지 않으면 1주택이 아니라 다주택자로 봐서 비과세는 커녕 양도소득세가 중과될 수 있다.

ⓦ 주거용 오피스텔은 주택

오피스텔은 실제 사용 용도에 따라 주택 여부를 판단한다. 사무실로 쓰고 있다면 주택 수에 포함되지 않지만, 거주용으로 사용하고 있다면 주택 수에 포함된다. 세무상담을 하다 보면 1세대 1주택 비과세인 줄 알고 집을 팔았다가 거주용 오피스텔 때문에 낭패를 보는 경우가 상당히 많다.

오피스텔을 취득할 때부터 일반과세자로 사업자 등록을 해서 부가세 환급도 받고, 임대계약서에 전입금지 특약도 적고, 재산세도 상가 재산세로 나오기 때문에 주택이 아니라고 믿는다. 하지만 세무서는 주거용 오피스텔이 의심되면 현장조사를 나가거나, 공과금 사용 내역 조회, 세입자 확인 등을 통해 적발하고 가산세까지 물린다. 대형 사고가 터질 수 있으니 특히 주의해야 한다.

ⓦ 2021년 이후 새로 취득한 분양권은
양도소득세 주택 수에 포함

100채의 빌라가 모여 있는 동네에 200채의 아파트를 지으려고 한다고 치자. 이때 빌라들을 허물고 빌라 주인들에게 100채의 아파트를 조합원입주권으로 우선 공급한다. 남은 100채는 일반 분양을 해서 당첨자들에게 분양권을 준다.

분양권과 조합원입주권 모두 새 아파트를 받을 수 있는 권리지만, 양도소득세에서는 이 둘을 매우 다르게 취급해왔다. 조합원입주권은 양도소득세 비과세나 중과세 판단을 할 때 주택 수에 포함되는 반면 분양권은 포함되지 않았다.

하지만 세법 개정으로 2021년 1월 1일 이후 취득하는 분양권부터 양도소득세 비과세 및 다주택 중과세 판단 시 주택 수에 포함하도록 변경됐다. 따라서 2020년 이전에 취득한 분양권은 앞으로도 계속해서 주택 수에 포함되지 않지만, 2021년 이후 새로 취득하는 분양권은 주택 수에 포함되므로 주의해야 한다.

한편, 2020년 이전 취득한 분양권은 잔금을 치르기 전까진 주택 수에 포함하지 않는다. 이 점을 이용하면, 잔금을 최대한 늦게 납부해서 취득 시기를 조절할 수 있다. 예를 들어 일시적 1세대 2주택 비과세를 받으려면 종전주택 취득일로부터 1년 이상 경과하고 새로운 주택을 취득해야 한다.

이때 새로운 주택이 분양권이고, 분양 잔금일이 종전주택 취득일로부터 1년 미만이라면 비과세를 받을 수 없다. 이런 경우 분양권의 잔금 납부를 늦추어 종전주택 취득일로부터 1년 이후로 만들면 일시적 1세대 2주택 비과세 요건을 맞출 수 있다.

원칙적으로 2021년 이후 취득한 분양권은 분양권을 취득한 시점부터 주택 수에 포함된다. 따라서 1주택자가 분양권을 추가로 취득하면 다주택자로 보아 종전주택은 비과세를 받을 수 없다.

하지만 1세대 1주택자가 종전주택을 취득한 날부터 1년 이상 지난 후에 분양권을 취득하고, 분양권 취득일부터 3년 이내에 종전주택을 양도하면 1세대 1주택으로 보아 비과세를 적용받을 수 있다.

조합원입주권은 주택 수에 포함

조합원입주권은 양도소득세 비과세나 중과세 판단 시에 주택 수에 포함한다. 과거에는 조합원입주권도 2020년 이전 취득한 분양권처럼 주택 수에 포함하지 않았는데, 입주권을 이용한 투기가 발생하자 2006년 이후부터 주택 수에 포함하도록 법이 개정됐다.

그렇다면 다주택자가 조정대상지역의 조합원입주권을 팔면 다주택자 중과세가 될까? 조합원입주권은 실제 주택은 아니기 때문에 입주권 양도 시에는 중과세되지 않는다. 한 마디로 다른 주택을 팔 땐 주택으로 보고, 입주권을 팔 땐 주택으로 보지 않는 것이다. 참고로 조합원입주권이 주택이 되는 때는 잔금일이 아닌 아파트 완공일이다.

공동 투자한 경우 지분이 적어도 1주택

요즘은 집값이 비싸서 여러 사람이 돈을 모아 집을 사는 경우가 많아졌다. 이렇게 집을 샀다면 아무리 적은 지분을 소유해도 1주택이다. 적은 지분이라도 갖고 있으면 다른 집을 팔 때 비과세를 못 받는다.

🏠 양도세도 안 내고 주택 수에서도 빼주는 특례주택

부동산 침체기가 되면 정부는 부동산 경기를 활성화시키기 위해 여러 가지 세제 혜택을 주는 '특례주택'들을 내놓는다. 가장 최근의 특례주택은 조세특례제한법 99조의 2에 따른 특례주택이다.

2013년 정부는 4·1 대책을 발표했다. 2013년 4월 1일부터 12월 31일까지 취득가 6억 원 이하이거나 전용면적 $85m^2$ 이하의 신축주택, 미분양주택, 1세대 1주택자의 주택을 사면 5년간 양도소득세를 100% 감면해주겠다는 내용이었다(단, 양도소득세의 20%에 해당하는 농어촌특별세는 낸다).

더 놀라운 혜택은, 다른 집의 비과세를 판단할 때 주택 수에서도 빼준다는 점이다. 5년이 아니라 평생 빼준다. 실제 사례를 보자. G씨는 2010년에 산 A주택에 거주하고 있었다. 그런데 2013년 4·1 대책이 발표되자 특례주택 4채를 샀다. 이듬해 2014년에는 B주택을 샀다. 그러므로 G씨는 1세대 6주택자다.

2015년에 G씨는 A주택을 팔았다. 양도차익이 상당했지만 양도소득세를 내지 않았다. 4채의 특례주택은 주택 수에 포함되지 않았기 때문이다. 그래서 일시적 1세대 2주택 비과세 혜택을 받을 수 있었다.

⌂ⓦ 상가주택은 주택 면적이 조금이라도 커야

흔히 상가주택이라고 불리는 겸용주택은 주택 면적이 상가 면적보다 크면 전체를 주택으로 본다. 따라서 상가주택 1채만 보유한 경우 통째로 비과세를 받을 수 있다. 반면 주택 면적이 상가 면적과 같거나 작으면 주택 부분만 비과세를 받고, 상가 부분은 양도세가 과세된다. 따라서 1세대 1주택자라면 주택 면적을 상가 면적보다 넓게 만드는 것이 유리한데, 지하에 주택 전용 보일러실을 만들거나 주택 전용 계단을 설치하면 주택 면적으로 본다.

그런데 이런 방법도 곧 막힐 예정이다. 2022년부터는 양도가액이 9억 원을 초과하는 상가주택은 주택 부분이 상가 부분보다 넓어도 주택 부분만 비과세와 특례장기보유특별공제 혜택을 준다. 따라서 9억 원이 넘는 상가주택을 보유한 1세대 1주택자는 2022년 전에 파는 것이 유리하다.

⌂ⓦ 주택부수토지는 주택정착면적의 5~10배까지만 비과세

주택의 부수토지가 넓은 경우에는 주택정착면적의 10배(도시지역은 5배)까지만 비과세된다. 예를 들어 1,000평의 땅에 주택정착면적이 30평인 단독주택이 있다면, 비도시지역은 10배인 300평까지 주택부수토지로 비과세되고, 나머지 700평은 비사업용 토지로 +10%p 중과세된다. 주택정착면적이란 주택의 전체 연면적이 아닌 집이 땅

◪ 주택부수토지 비과세 범위

2021년 12월 31일 이전		2022년 1월 1일 이후				
도시지역	도시 외 지역	도시지역				도시지역 외
		수도권		수도권 외		
		주거 · 상업 · 공업 지역	녹지			
5배	10배	3배		5배		10배

을 차지하고 있는 면적을 말한다.

　그런데 세법 개정으로 2022년부터 수도권 내 주거 · 상업 · 공업 지역에서는 주택정착면적의 3배까지만 주택부수토지로 본다. 가령 서울 주거지역 100평짜리 땅에 주택이 20평이라면, 2021년까지는 5배 이내이므로 전체를 비과세 받을 수 있다. 하지만 2022년 이후 팔면 3배인 60평(20평 × 3 = 60평)까지만 주택부수토지로 비과세 혜택을 받을 수 있다.

주택 수 줄이기 전략

멸실등기

허름한 단독주택을 갖고 있다면 건물을 헐고 땅만 남기는 방법이 있다. 예를 들어, 아파트 1채와 단독주택 1채를 갖고 있는 경우 단독주택 건물을 철거하고 멸실등기를 하면 주택 수에서 제외된다. 따라서 아파트를 비과세 받을 수 있다.

건물분 증여

별도 세대원인 자녀나 부모에게 건물 부분만 증여하면 주택 수를 줄일 수 있다. 가령 부모님이 주신 낡은 집이 있다면 건물 부분만 다시 부모님께 증여하면 된다.

낡은 집은 땅이 비싼 것이지 건물은 비싸지 않기 때문에 이렇게 하면 증여세도 거의 나오지 않는다. 부모 자녀 간 증여 시 5,000만 원이 공제되니 이 안에서 대부분 해결될 것이다.

참고로, 2021년 2월 17일 이후 증여, 용도변경한 경우에는 1세대 1주택 비과세를 위한 보유기간이 증여, 용도변경해서 최종 1주택이 된 이후부터 기산된다. 따라서 남은 1주택은 추가로 2년을 보유하고 양도해야 비과세가 가능하다.

2주택자가 비과세 받는 법 ···

1세대 1주택 비과세는 집이 1채인 경우에만 가능하다. 하지만 실수 요자도 일시적 2주택, 동거봉양, 혼인, 상속 등의 사유로 불가피하게 2주택이 되는 경우가 있다. 세법은 이런 불가피한 경우에 비과세를 해주는 1세대 2주택 비과세 특례 규정을 두고 있다. 따라서 이를 잘 활용하면 세금을 크게 절약할 수 있다.

⌂ 일시적 2주택 특례

1주택자가 이사를 가기 위해 새로운 집을 사면 일시적으로 2주택 자가 된다. 이런 경우에 종전주택을 일정 기간 내에 팔면 비과세해 준다. 일시적 2주택 특례를 받으려면 다음의 3가지 요건을 만족해야 한다. '123요건'으로 외워두자.

① 종전주택을 취득하고 1년 이상 지나 신규주택을 취득할 것

② 종전주택은 양도 시점에 2년 이상 보유했을 것(단, 취득 당시 조정대상지역에 있는 주택은 보유기간 중 2년 이상 거주했을 것)

③ 신규주택 취득일부터 3년 이내에 종전주택을 팔 것

일시적 2주택 규정을 잘 활용하면 연속해서 2채를 비과세 받는 것도 가능하다. 예를 들어 2015년 1월에 종전주택을 사고, 2018년 8월에 신규주택을 샀다면, 3년 이내인 2021년 8월까지 종전주택을 팔면 일시적 2주택으로 비과세를 받을 수 있다.

그러고 나서 바로 신규주택을 팔면 다시 한 번 비과세를 받을 수 있다. 신규주택이 1세대 1주택이고 취득 시점부터 2년 이상 보유했기 때문이다. 물론 신규주택이 취득 당시 조정대상지역에 소재한 주택이라면 2년 거주 요건도 충족해야 한다. 일시적 2주택 비과세가 적용되므로 최종 1주택이 된 날부터 보유기간을 기산하는 최종 1주택 규정도 적용 대상이 아니다.

그런데 의외로 놓치기 쉬운 부분이 종전주택을 사고 1년 이상 지

일시적 1세대 2주택 비과세 적용을 받은 뒤, 남은 1주택도 요건을 갖추어 팔면 1세대 1주택 비과세를 받을 수 있다.

나서 신규주택을 사야 한다는 점이다. 사례를 보자. E씨는 강남에 집 2채가 있다. 양도차익은 각각 7억 원과 8억 원이다. 일시적 2주택으로 3년 안에 종전주택을 팔았지만 비과세 혜택을 못 받고 말았다. 종전주택을 사고 나서 11개월 15일 만에 신규주택을 샀기 때문이다. 1년을 채웠다면 양도소득세를 내지 않아도 되는데, 불과 보름 차이로 비과세를 못 받게 됐다.

🏠 강화된 조정대상지역 일시적 2주택 특례 요건

집값이 급등하자 정부는 2018년 9·13 대책과 2019년 12·16 대책을 통해 조정대상지역의 일시적 2주택자의 비과세 요건을 강화했다. 종전주택 처분 기한을 3년에서 2년, 2년에서 1년으로 단축하고 신규주택 전입 요건도 추가했다. 강화된 규정은 종전주택과 신규주택 모두 조정대상지역인 경우에만 적용된다.

먼저 2018년 9·13 대책으로 조정대상지역에 종전주택을 보유한 1세대가 2018년 9월 14일 이후 조정대상지역에 있는 신규주택을 취득하는 경우에는 종전주택 처분 기한이 3년에서 2년으로 줄었다. 단, 대책 발표 이전에 계약한 사람들을 보호하기 위해 2018년 9월 13일 이전에 신규주택(분양권 포함)의 매매계약을 체결하고 계약금을 지불한 경우에는 종전 규정이 적용된다. 따라서 신규주택 취득 후 3년 이내에 종전주택을 팔면 비과세된다.

9·13 대책으로도 집값이 안정되지 않자 12·16 대책에서는 종

전주택 처분 기한을 1년으로 단축하고 신규주택 1년 이내 이사·전입 요건도 추가했다. 이에 따라 조정대상지역에 종전주택을 보유한 1세대가 2019년 12월 17일 이후 조정대상지역에 있는 신규주택을 취득하는 경우에는 신규주택 취득일로부터 1년 이내에 종전주택을 매도하고 신규주택에 세대 전원이 이사 및 전입신고를 해야 비과세된다. 이 경우도 2019년 12월 16일 이전에 매매계약을 체결하고 계약금을 지불한 경우(분양권 포함)에는 종전 규정이 적용된다.

반면 종전주택과 신규주택 중 어느 하나라도 비조정대상지역인 경우에는 강화된 규정이 적용되지 않으므로 신규주택 취득일로부터 3년 이내에 종전주택을 양도하면 일시적 2주택 비과세가 가능하다.

만약 신규주택 취득일 현재 기존 임차인이 거주하고 있는 경우에는 그 임대차계약 종료일(최대 2년)까지 종전주택 처분 기한과 신규주택 이사·전입 기한이 연장된다. 단, 기존 임대차계약은 명백한 증빙서류가 있어야 하고 신규주택 취득일 이후 갱신한 임대차계약은 인정되지 않는다.

가령 조정대상지역의 종전주택을 2018년 1월 1일 취득하고, 조정대상지역 내에 신규주택을 2021년 6월 30일 추가로 취득했다고 치자. 일시적 2주택 비과세를 받기 위해서는 신규주택 취득일부터 1년 이내인 2022년 6월 30일 이전에 종전주택을 팔고, 신규주택으로 이사·전입해야 한다.

하지만 신규주택 취득 시에 기존 임차인이 있고 그 임대차계약

▶ 신규주택 취득 시기에 따른 일시적 2주택 비과세 요건

종전주택	신규주택	신규주택 취득 시기에 따른 종전주택 처분 기한	
조정대상지역	조정대상지역	2018. 9. 13. 이전 취득	3년 이내 매도
		2018. 9. 14.~ 2019. 12. 16. 취득	2년 이내 매도
		2019. 12. 17. 이후 취득	1년 이내 매도 & 신규주택 1년 이내 이사 · 전입
비조정대상지역	조정대상지역	3년 이내 매도	
조정대상지역	비조정대상지역		
비조정대상지역	비조정대상지역		

만기가 2021년 12월 30일이라면, 이때는 임대차계약 만기인 2021
년 12월 30일까지 종전주택을 매도하고 신규주택에 이사 · 전입하
면 비과세된다.

ⓦ 신규주택 취득 계약기간 중 비조정대상지역에서 조정대상지역으로 변경된 경우

일시적 2주택에서 신규주택 취득 계약 당시에는 비조정대상지역이
었는데, 취득일 전에 신규주택 소재지가 조정대상지역으로 바뀌는
경우도 있다. 이런 상황은 납세자가 예측하기 어렵기 때문에 조정
대상지역 일시적 2주택 요건을 적용하지 않는다. 따라서 신규주택
에 전입하지 않아도 되고, 3년 이내에 종전주택을 양도하면 비과세
받을 수 있다. 단, 조정대상지역 공고일 이전에 신규주택 매매계약
을 체결하고 계약금을 지급한 사실이 증빙서류로 입증돼야 적용받

을 수 있다.

한편, 신규주택 취득 계약기간 중 종전주택 소재지가 조정대상지역으로 신규 지정되는 경우에도 3년 이내에 종전주택을 양도하면 비과세가 가능하다.

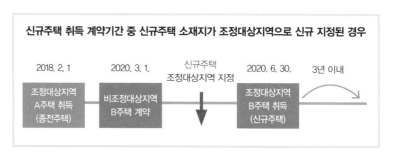

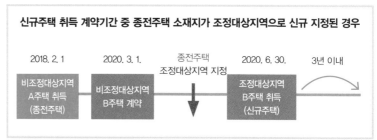

🏠 기타 1세대 2주택 특례

동거봉양주택

60세 이상의 노부모(배우자의 직계존속 포함)를 모시기 위해 세대를 합치는 경우가 있다. 이때 자녀 세대도 집 1채가 있고 부모 세대도 집 1채가 있다면 1세대 2주택이 된다. 하지만 합가한 날로부터 10년 이내에 집을 팔면 먼저 파는 집은 세금을 물리지 않는다. 그리고

| 절세 마스터 |

일시적 2주택 비과세가 안 되면 무조건 중과세될까?

조정대상지역에 종전주택을 보유한 사람이 2019년 12월 17일 이후 조정대상지역 주택을 신규로 취득하면 1년 안에 종전주택을 팔고 신규주택에 전입해야 비과세된다. 그런데 만약 1년 안에 종전주택을 팔지 못하거나 전입하지 못하면 어떻게 될까?

이런 경우 비과세가 아니라고 무조건 중과세를 적용하지는 않는다. 다주택자라도 중과배제주택에 해당되면 양도소득세가 중과되지 않는다. 2주택자의 중과배제주택 규정 중에는 1세대 1주택자가 다른 주택을 취득해서 일시적으로 2주택자가 된 경우 신규주택 취득일로부터 3년 이내에 파는 종전주택은 중과세하지 않는다는 규정이 있다. 종전주택을 취득한 지 1년 이상 경과하지 않아도 상관없다.

따라서 신규주택 취득 후 3년 안에만 종전주택을 팔면 중과세되지 않고 일반세율을 적용받을 수 있다.

남은 집도 1세대 1주택 비과세 요건을 갖추어 팔면 비과세 혜택을 받을 수 있다.

참고로, 부모 중 한 명만 60세 이상이면 되고, 60세 미만이라도 암, 희귀성 질환 등 중대한 질병으로 인한 동거 합가는 연령과 상관없이 비과세된다.

혼인주택

각각 집이 1채씩 있는 남녀가 결혼을 하면 1세대 2주택이 된다. 이 경우 다주택자 중과세를 하면 결혼을 막는 일이 된다. 따라서 혼인 합가로 1세대 2주택이 된 날로부터 5년 이내에 먼저 파는 집은 비과세를 해준다. 이제 1세대 1주택이 됐으니 남은 1채도 1세대 1주택 비과세 요건을 갖추어 팔면 비과세 받을 수 있다.

상속주택

부모님이 갑자기 돌아가시면서 집을 상속받아 어쩔 수 없이 다주택자가 될 수도 있다. 따로 살던(별도 세대) 부모님에게 상속받아 2주택이 된 경우에는 기존에 보유하던 집을 먼저 팔면 비과세 받을 수 있다. 상속받은 집을 먼저 팔면 비과세가 안 된다.

주의할 점은, 같이 살던 부모님에게 상속받은 집은 해당사항이 없다. 상속받기 전부터 이미 1세대 2주택자였기 때문이다. 따라서 가능하다면 돌아가시기 전에 세대 분리를 하는 것이 유리하다.

한편, 상속 이후에 새로 산 집을 팔 때는 상속주택 특례를 받을 수 없다. 과거에는 상속 이후에 취득한 주택을 팔 때도 상속주택을 주택 수에서 뺐다. 그래서 상속주택이 있는 상태에서 계속해서 집을 사고팔아도 비과세가 가능했다. 하지만 2013년 2월 15일 이후 취득한 주택부터는 사망일 당시에 보유한 주택만 비과세가 가능해졌다.

만약 상속받은 주택이 여러 채라면 다음 순서에 따라 그 중 1채만 상속주택으로 인정한다.

① 부모님이 가장 오래 보유한 주택

② 부모님 거주기간이 가장 긴 주택

③ 부모님이 상속 당시 거주한 주택

④ 기준시가가 가장 높은 주택(기준시가가 같다면 상속인이 선택하는

　1주택)

1세대 1주택 비과세 개정사항 정리

2017년 8 · 2 대책 이후

조정대상지역 지정 후에 취득한 주택은 비과세 요건에 2년 이상 거주 요건이 추가됐다. 그런데 나중에 조정대상지역이 해제된 후에 팔면 거주하지 않아도 비과세 받을 수 있지 않을까? 그렇지 않다. 조정대상지역이 해제된다 해도 한 번 생긴 거주 요건이 사라지지는 않는다.

2018년 9 · 13 대책 이후

조정대상지역에 집이 있는데 조정대상지역의 집을 또 샀을 때, 종전주택을 3년이 아니라 2년 안에 팔아야 한다. 그래야 일시적 1세대 2주택 비과세를 해주는 것으로 바뀌었다. 다만, 2018년 9월 13일 이전에 주택을 취득했거나, 매매계약을 체결하고 계약금을 지불한 경우에는 종전처럼 3년 이내에 종전주택을 팔면 비과세된다.

2019년 12 · 16 대책 이후

조정대상지역에 집이 있는데 조정대상지역의 집을 또 샀을 때, 종전주택을 2년이 아니라 1년 안에 팔아야 한다. 게다가 새로 산 집에 1년 안에 전입해야 한다. 단, 새로 산 집에 기존 임차인이 살고 있다면(임대차계약서 등으로 확인), 전 소유자와 임차인 간의 계약이 끝날 때까지 전입과 처분 시기가 연장된다. 하지만 이것도 새 집을 산 날로부터 2년이 한도다. 새 집을 산 날 이후에 갱신된 임대차계약 기간은 인정되지 않는다. 단, 2019년 12월 16일 이전에 주택을 취득했거나, 매매계약을 체결하고 계약금을 지불한 경우에는 종전 규정이 적용된다.

2020년 1월 1일 이후

양도가격이 9억 원을 초과하는 고가주택은 2년 이상 거주해야 최대 80%의 장기보유특별공제를 받을 수 있다. 2년 이상 거주하지 않으면 최대 30%의 일반공제율만 적용된다.

2021년 1월 1일 이후

2021년 1월 1일부터 다주택자는 최종 1주택자가 된 이후 2년을 추가로 보유해야 비과세된다. 조정대상지역에서 취득한 주택은 보유기간뿐만 아니라 거주기간도 최종 1주택이 된 날부터 새로 채워야 한다. 단, 다주택자라도 2020년 말 이전에 다른 주택을 모두 양도하고 2021년 1월 1일 현재 1주택만 보유 중인 경우에는 최종 1주택 규정이 적용되지 않아 해당 주택 취득 시점부터 비과세 보유기간 및 거주기간을 가산한다. 또한 1세대 1주택자가 2년 이상 거주한 주택을 양도할 때 적용하는 특례장기보유특별공제율도 보유기간 연 4%, 거주기간 연 4%로 구분해서 적용한다.

2021년 2월 17일 이후

비과세를 위한 최종 1주택 규정이 양도뿐만 아니라 2021년 2월 17일 이후 증여 및 건축법상 용도변경으로 최종 1주택이 된 경우에도 적용된다. 따라서 2021년 2월 17일 이후에 2주택자가 자녀 등 별도 세대원에게 1주택을 증여해 1주택만 보유하게 되거나, 건축법상 주택을 상가로 용도변경해(주거용으로 사용하던 오피스텔을 업무용 건물로 사실상 용도변경하는 경우 포함) 1주택만 보유하게 되는 경우에도 증여일, 용도변경일 이후부터 비과세 보유기간을 새로 기산한다.

주택과 조합원입주권 소유자가 비과세 받는 법

04 ...

조합원입주권은 주택이 아니지만, 양도소득세 비과세와 중과세를 판단할 때 주택 수에 포함된다. 따라서 세법에서는 조합원입주권과 관련된 여러 가지 비과세 규정을 두고 있다. 비과세는 가장 좋은 절세법이므로 알아두면 세금을 크게 줄일 수 있다.

조합원입주권이란 '도시 및 주거환경 정비법'에 따른 재개발·재건축 사업의 관리처분계획인가 및 '빈집 및 소규모주택 정비에 관한 특례법'에 따른 소규모 재건축사업의 사업시행인가로 인해 취득한 입주자 지위를 말한다. 따라서 가로주택정비사업의 입주권은 양도소득세법상 조합원입주권에 해당되지 않는다.

⌂ 조합원입주권 양도 시 비과세 특례

조합원입주권도 주택처럼 양도일 현재 1세대 1조합원입주권이면 비과세가 가능하다. 또한 1조합원입주권 보유자가 신규주택을 취득하고 3년 이내에 조합원입주권을 양도해도 일시적 2주택 규정처럼 비과세가 가능하다.

단, 주택의 비과세 규정과 다른 점이 있다. 조합원입주권 양도일이 아니라 관리처분계획인가일 현재 1세대 1주택 비과세 요건을 갖춘 입주권만 비과세된다.

한편, 관리처분계획인가일 이후에도 철거되지 않은 건물이 사실상 주거용으로 사용되고 있는 경우에는 주택으로 보아 보유기간과 거주기간을 인정해준다.

정리하면 조합원입주권 양도 시 비과세 특례 요건은 다음과 같다.

① 관리처분계획인가일 현재 1세대 1주택 비과세 요건을 갖췄을 것
② 양도일 현재 다른 주택을 보유하지 않았을 것
③ 혹은 양도일 현재 1조합원입주권 외에 1주택을 소유한 경우로 1주택을 취득한 날부터 3년 이내에 조합원입주권을 양도할 것

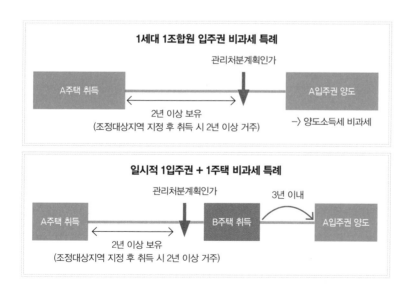

⌂ⓦ 입주권 보유자의 주택 양도 시 비과세 특례

1주택을 보유한 1세대가 조합원입주권을 취득해 일시적으로 1주택 + 1조합원입주권을 보유한 경우에도 일정 기간 내에 종전주택을 양도하면 비과세 혜택을 받을 수 있다. 이러한 비과세 특례 규정은 조합원입주권 취득일부터 3년 이내에 종전주택을 양도하는 경우와 3년이 지나 양도하는 경우에 각각 비과세 요건이 다르다.

입주권 취득일부터 3년 이내 종전주택을 양도하는 경우

1주택자가 1조합원입주권을 취득하고 3년 이내에 종전주택을 양도하면 일시적 2주택처럼 비과세를 받을 수 있다. 요건도 123요건으로 동일하다. 단, 일시적 2주택 비과세와 달리 조정대상지역 내에서도 종전주택 처분 기한은 여전히 3년이다.

정리하면 종전주택을 3년 이내 양도하는 경우 비과세 특례 요건은 다음과 같다.

① 종전주택을 취득한 날부터 1년 이상 지난 후 조합원입주권을 취득할 것
② 종전주택은 1세대 1주택 비과세 요건을 충족할 것(보유 및 거주 요건)
③ 조합원입주권을 취득한 날부터 3년 이내에 종전주택을 양도할 것

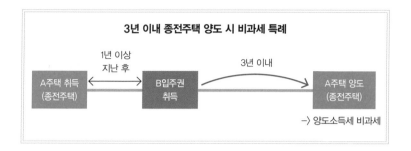

3년 이내 종전주택 양도 시 비과세 특례

A주택 취득
(종전주택)

← 1년 이상
지난 후 →

B입주권
취득

3년 이내

A주택 양도
(종전주택)

-> 양도소득세 비과세

입주권 취득일부터 3년이 지나 종전주택을 양도하는 경우

1주택자가 1조합원입주권을 취득하고 3년이 지나서 종전주택을 양도해도 실수요 목적이라면 비과세 혜택을 받을 수 있다. 이는 실거주 목적으로 조합원입주권을 취득했지만 재개발·재건축 사업이 지연돼 3년 이내에 종전주택을 매도하지 못하는 경우를 배려한 규정이다.

따라서 입주권이 주택으로 완성된 후 실거주를 해야만 비과세를 받을 수 있다. 만약 이 규정으로 종전주택을 비과세 받은 이후에 실거주 요건을 충족하지 못하게 된 때에는 비과세를 받았던 양도소득세를 신고·납부해야 한다.

입주권 취득 후 3년이 지나 종전주택을 양도하는 경우 비과세를 받으려면 다음 요건을 모두 충족해야 한다.

① 입주권이 주택으로 완성된 후 2년 이내에 그 주택으로 세대 전원이 이사하여 1년 이상 계속해서 거주할 것(실거주 요건)
② 종전주택은 1세대 1주택 비과세 요건을 충족할 것(보유 및 거

주 요건)

③ 입주권이 주택으로 완성되기 전 또는 완성된 후 2년 이내에
종전주택을 양도할 것

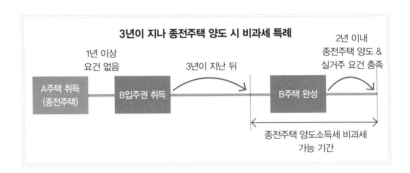

3년이 지나 종전주택 양도 시 비과세 특례

🏠 사업시행기간 중 취득한 대체주택 양도 시 비과세 특례

1주택자가 소유하던 주택에 재개발·재건축 사업이 시작되면 그
사업시행기간 동안 거주할 대체주택이 필요하게 된다. 이렇게 사업
시행기간 중 취득한 대체주택은 일정 요건을 갖춰 양도하면 비과세
를 받을 수 있다.

대체주택 비과세 특례 요건은 다음과 같다.

① 사업시행인가일 현재 1세대 1주택자일 것
② 사업시행인가일 이후 대체주택을 취득하여 1년 이상 거주
할 것
③ 입주권이 주택으로 완성된 후 2년 이내에 그 주택으로 세대

전원이 이사해 1년 이상 계속해서 거주할 것(실거주 요건)

④ 입주권이 주택으로 완성되기 전 또는 완성된 후 2년 이내에 대체주택을 양도할 것

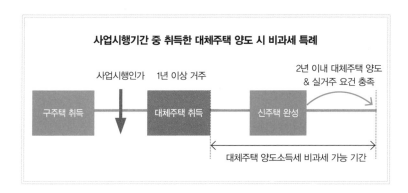

사업시행기간 중 취득한 대체주택 양도 시 비과세 특례

05 ... 주택과 분양권 소유자가 비과세 받는 법

분양권은 조합원입주권과 달리 양도소득세에서 주택 수에 포함되지 않는다. 따라서 1주택자가 분양권을 여러 개 보유하더라도 1세대 1주택 비과세를 받을 수 있다.

하지만 분양권의 투기 수요를 막기 위해 2021년 이후 새로 취득한 분양권부터는 양도소득세 비과세 및 중과세 판단 시 주택 수에 포함되도록 개정됐다. 이에 따라 2021년 이후 취득한 분양권에 대해서는 조합원입주권과 유사한 비과세 특례 조항이 신설됐다.

■ 입주권과 분양권의 양도소득세 주택 수 포함 여부

구분	조합원입주권	분양권	
		2020년 이전 취득	2021년 이후 취득
양도소득세 비과세 및 중과세 판단 시	주택 수 포함	주택 수 미포함	주택 수 포함

⌂ 2021년 이후 취득한 분양권 보유자가
주택 양도 시 비과세 특례

1주택을 보유한 1세대가 분양권을 취득해서 일시적으로 1주택 + 1분양권을 보유한 경우에도 일정 기간 내에 종전주택을 양도하면 비과세 혜택을 받을 수 있다. 이러한 비과세 특례 규정은 분양권 취득일부터 3년 이내에 종전주택을 양도하는 경우와 3년이 지나 종전주택을 양도하는 경우에 각각 비과세 요건이 다르다.

분양권 취득일부터 3년 이내 종전주택을 양도하는 경우

1주택자가 1분양권을 취득하고 3년 이내에 종전주택을 양도하면 일시적 2주택처럼 비과세를 받을 수 있다. 요건도 123요건으로 동일하다. 단, 일시적 2주택 비과세와 달리 조정대상지역 내에서도 종전주택 처분 기한이 여전히 3년이라는 점에서 차이가 있다.

정리하면 종전주택을 3년 이내 양도하는 경우 비과세 특례 요건은 다음과 같다.

① 종전주택을 취득한 날부터 1년 이상이 지난 후에 분양권을 취득할 것
② 종전주택은 1세대 1주택 비과세 요건을 충족할 것(보유 및 거주 요건)
③ 분양권을 취득한 날부터 3년 이내에 종전주택을 양도할 것

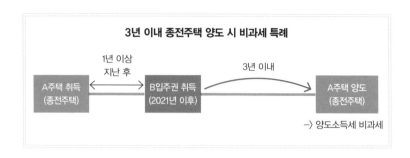

3년 이내 종전주택 양도 시 비과세 특례

A주택 취득
(종전주택) — 1년 이상 지난 후 → B입주권 취득
(2021년 이후) — 3년 이내 → A주택 양도
(종전주택)

→ 양도소득세 비과세

분양권 취득일부터 3년이 지나 종전주택을 양도하는 경우

1주택자가 1분양권을 취득하고 3년이 지나서 종전주택을 양도해도 실수요 목적이라면 비과세 혜택을 받을 수 있다. 실거주 목적으로 분양권을 취득했지만 사업이 지연돼 3년 이내에 종전주택을 매도하지 못하는 경우를 배려한 규정이다.

따라서 분양권이 주택으로 완성된 후 실거주해야만 비과세를 받을 수 있다. 만약 이 규정으로 종전주택을 비과세 받은 이후에 실거주 요건을 충족하지 못하게 된 때에는 비과세 받았던 양도소득세를 신고·납부해야 한다.

분양권 취득 후 3년이 지나 종전주택을 양도하는 경우 비과세 받으려면 다음 요건을 모두 충족해야 한다.

① 분양권이 주택으로 완성된 후 2년 이내에 그 주택으로 세대 전원이 이사해 1년 이상 계속해서 거주할 것(실거주 요건)
② 종전주택은 1세대 1주택 비과세 요건을 충족할 것(보유 및 거주 요건)

③ 분양권이 주택으로 완성되기 전 또는 완성된 후 2년 이내에 종
　전주택을 양도할 것

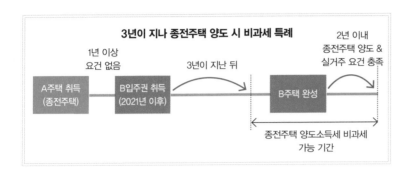

06 ··· 주택임대사업자의 거주주택 비과세 특례

다주택자여도 비과세 혜택을 받는 또 한 가지 방법은 '주택임대사업자의 거주주택 특례'를 활용하는 것이다. 가령 집 10채를 갖고 있고 이 중 1채에 살고 있을 때, 이 거주주택을 비과세로 팔고 싶다면 나머지 9채를 임대주택으로 등록하면 된다.

임대주택으로 등록하면 의무임대기간이 끝나기 전이라도 거주주택을 바로 비과세 받을 수 있다. 대신 의무임대기간을 채우지 않으면 비과세했던 세금을 추징한다.

한편, 2020년 7·10 대책으로 2020년 8월 18일부터 단기임대주택과 아파트 장기임대주택 유형이 폐지됐다(건설임대 제외). 따라서 아파트는 더 이상 임대주택으로 등록할 수 없다. 아파트를 제외한 다가구주택, 다세대주택, 오피스텔 등은 아직도 임대주택으로 등록할 수 있다. 단, 장기임대주택으로 등록해야 하고 의무임대기간이 종전의 8년에서 10년으로 강화됐다.

⌂ 임대주택은 아무 집이나 되나

거주주택 비과세 특례를 받으려면 임대주택은 다음과 같은 요건에
맞아야 한다.

① 지방자치단체와 세무서에 임대주택으로 등록할 것

② 임대 개시일* 당시 기준시가는 6억 원(수도권 밖 3억 원) 이하
일 것

③ 임대료 5% 증액 제한을 준수할 것(2019년 2월 12일 이후 갱신분
부터 적용)

④ 의무임대기간을 준수할 것

 - 2020년 7월 10일 이전 등록신청분 : 단기임대주택 또는
장기임대주택으로 등록하고 5년 이상 임대

 - 2020년 7월 11일~2020년 8월 17일 등록신청분 : 장기임
대주택으로 등록하고 8년 이상 임대

 - 2020년 8월 18일 이후 등록 신청분 : 장기임대주택으로
등록하고 10년 이상 임대

  단, 2020년 7월 11일 이후 단기임대주택을 장기임대주택
으로 변경신고하거나 아파트를 장기임대주택으로 등록해
도 거주주택 비과세 혜택을 받을 수 없다.

* 임대 개시일이란 지
방자치단체 주택임
대사업자 등록, 세
무서 사업자 등록,
임대차계약서상 실
제 임대 시작이 모
두 충족된 날을 말
한다.

CHAPTER 4

⌂ 거주주택 비과세 주의사항

임대주택과 거주주택 1채가 있다면 거주주택을 비과세 받을 수 있다. 여기서 주의할 점은 비과세 받는 거주주택은 전 세대원이 2년 이상 거주하고 팔아야 한다는 점이다. 간혹 조정대상지역 지정 전에 취득한 주택은 거주하지 않아도 된다고 생각하는 경우가 있다. 하지만 임대주택이 있는 상황에서 거주주택 비과세 특례를 받기 위해서는 무조건 2년 이상 거주해야 한다. 실무에서 사고가 자주 나는 사항이니 주의하자.

구체적으로 예를 들어보자. 2015년 3월에 A주택을 사고, 2016년 12월에 B주택을 샀다. 일시적 2주택 비과세를 받으려면 B주택을 산 지 3년 이내에 A주택을 팔아야 한다. 하지만 이미 3년이 지나버려 비과세가 안 된다. 만약 B주택을 임대주택으로 등록하고 A주택을 팔면 비과세가 될까?

거주주택 비과세 특례 요건을 하나하나 따져봐야 한다. 먼저 B주택은 기준시가가 6억 원(수도권 밖 3억 원) 이하여야 한다. 그리고 양도하는 A주택은 2년 이상 실거주했어야 한다. 비조정대상지역이거나 조정대상지역 지정 전에 샀어도 마찬가지다.

임대 등록하는 B주택은 2020년 8월 18일 이후 등록하는 것이므로 아파트는 안 된다. 아파트 외의 주택이라면 장기임대주택으로 등록해서 10년 이상 임대해야 하고, 6개월 이상 공실이 나면 안 된다. 임대기간 전에 팔거나 공실기간이 6개월이 넘으면 비과세했던 세금을 추징한다.

한 가지 더 주의할 점이 있다. 2019년 세법이 개정돼 거주주택 특례는 평생 한 번만 비과세가 가능하도록 바뀌었다. 과거에는 비과세 횟수에 제한이 없었기 때문에 임대주택이 10채가 있어도 2년 이상 거주한 주택으로 이사를 다니며 계속해서 비과세를 받을 수 있었다. 하지만 2019년 2월 12일 이후 취득한 주택부터는 평생 한 번만 거주주택 특례를 받을 수 있다.

앞의 사례에서 A주택에 거주주택 비과세 특례를 적용받았다면 새로 사는 C주택에 2년 이상 거주해도 거주주택 비과세 특례를 받을 수 없다. 이미 A주택을 비과세 받아 특례를 써버렸기 때문이다.

단, 다음의 어느 하나에 해당하는 주택은 종전처럼 횟수 제한 없이 거주주택 특례를 받을 수 있다.

- 2019년 2월 12일 당시 거주하고 있는 주택
- 2019년 2월 12일 전에 거주주택을 취득하기 위해 매매계약을 체결하고 계약금을 지급한 사실이 증빙서류에 의해 확인되는 주택(단, 장기임대주택을 보유하지 않은 상태에서 계약한 주택은 제외)

간혹 1세대 1주택 비과세가 평생 한 번으로 바뀐 것으로 오해하는 분들도 있는데, 1세대 1주택 비과세와 주택임대사업자의 거주주택 비과세 특례는 전혀 다른 규정이다. 1세대 1주택 비과세는 여전히 횟수 제한이 없다.

🏠 임대주택 자진·자동 등록말소와 거주주택 비과세 특례

* **자진등록말소란?**
임대사업자가 임대주택법상 의무임대기간이 경과되기 전에 과태료 없이 자진해서 임대주택 등록을 말소하는 제도

** **자동등록말소란?**
임대주택법상 의무임대기간이 종료된 날 자동으로 임대주택 등록이 말소되는 제도

2020년 8월 18일부터 단기임대주택과 아파트 장기임대주택 유형이 폐지됨에 따라 폐지되는 임대주택에 대해서는 자진등록말소* 및 자동등록말소** 제도가 도입됐다. 그리고 폐지되는 유형에 해당되는 기존 임대사업자에게는 다음과 같은 보완조치가 시행됐다.

보완 조치 1. 거주주택을 비과세 받은 뒤 임대주택이 자진·자동 등록말소 돼도 비과세 세액 미추징

거주주택 비과세 특례를 적용받은 뒤 임대주택이 소득세법상 의무임대기간을 채우지 못하면 비과세 받은 세액을 추징당한다. 하지만 임대주택을 임대주택법상 의무임대기간의 1/2 이상 임대하고 자진등록말소하거나 자동등록말소된 경우에는 자진·자동 등록말소일에 소득세법상 의무임대기간 요건을 충족한 것으로 보아 비과세 받은 세액을 추징하지 않는다.

단, 의무임대기간 요건 이외에 임대료 증액 제한 등의 요건은 별도로 준수해야 하니 주의하자.

⊡ 자진 · 자동 등록말소 시 거주주택 비과세 적용 요건

보완 조치	적용 요건	
	자진등록말소	자동등록말소
거주주택 비과세 받기 전 임대주택이 자진 · 자동 등록말소돼도 5년간 거주주택 비과세 가능	의무임대기간 1/2 이상 임대 후 말소 + 등록말소 뒤 5년 이내 거주주택 양도	등록 말소 후 5년 이내 거주주택 양도
거주주택 비과세 받은 뒤 임대주택이 자진 · 자동 등록말소돼도 비과세 세액 미추징	의무임대기간 1/2 이상 임대 후 말소	요건 없음

보완 조치 2. 거주주택을 비과세 받기 전 임대주택이 자진 · 자동 등록말소돼도 5년간 거주주택 비과세 가능

거주주택 비과세 특례를 적용받으려면 다른 주택은 양도일 현재 임대주택으로 등록돼 있어야 한다. 하지만 임대주택법상 의무임대기간의 1/2 이상 임대하고 자진등록말소하거나 자동등록말소된 경우에는 해당 등록이 말소된 이후 5년 이내에 거주주택을 양도하는 경우에 한해 의무임대기간 요건을 충족한 것으로 보아 비과세를 적용받을 수 있다.

자진말소 가능한 주택 유형
단기임대주택과 장기임대주택 중 아파트만 자진말소가 가능하고, 장기임대주택으로 등록한 다가구, 다세대, 오피스텔 등은 자진말소가 불가능하다.

이때도 의무임대기간 요건 이외에 임대료 증액 제한 등의 요건은 별도로 준수해야 한다.

한편, 임대주택을 2호 이상 임대하는 경우에는 최초로 등록이 말소되는 임대주택의 등록말소 이후 5년 이내에 거주주택을 양도해야 한다.

임대주택이 있어도
일시적 2주택 비과세가 가능하다

J씨는 집을 사서 살다가 1채를 더 사서 임대주택 등록을 했다. 그 후 1채를 더 샀다. 이렇게 해서 3주택자가 됐지만 원래 살고 있던 집을 팔면서 비과세 혜택을 받았다. 어떻게 가능했을까?

거주주택을 팔 때 장기임대주택은 주택 수에서 제외되기 때문이다. 그래서 임대주택을 제외하고 일시적 2주택 비과세 규정을 적용받을 수 있다. 123 요건을 기억하자. 기존주택을 산 지 1년 이상 지나 새 집을 사고, 원래 집은 2년 이상 보유 및 거주했으며, 새 집을 산 지 3년(조정대상지역은 취득 시점에 따라 2년 또는 1년) 안에 원래 집을 팔면 일시적 2주택 비과세가 가능하다. 일시적 2주택 특례와 주택임대 사업자의 거주주택 특례가 중복 적용된 케이스다.

이처럼 비과세 특례 조항을 잘 이용하면 다양한 절세 플랜이 가능하다.

양도소득세 비과세 절세법

세대 분리로 1세대 1주택 비과세 혜택 받기

양도소득세 비과세 혜택을 받을 수 있는 1세대 1주택이란, 거주자인 1세대가 양도일 현재 1주택만 갖고 있을 때를 뜻한다.

여기서 거주자란 한국에 사는 사람을 말한다. 해외 이민자는 거주자가 아니다.

또한 1세대란 나와 배우자, 자녀는 물론이고 나의 부모, 배우자의 부모, 나의 형제자매, 배우자의 형제자매, 내 자녀의 배우자까지 해당된다. 따라서 자녀도 집이 있고 나도 집이 있다면 자녀를 세대 분리해야 자녀도 나도 1세대 1주택이 된다.

단, 세법에서는 배우자가 없으면 별도 세대로 인정하지 않는데, 다음과 같은 경우에는 예외적으로 별도의 세대로 본다.

- 30세 이상인 경우
- 배우자가 사망하거나 이혼한 경우
- 최저생계비 이상의 수입이 있고, 집이나 땅을 관리하면서 생계를 꾸려나갈 수 있는 경우 (미성년자 제외)

별도 세대 요건을 모르고 세대 분리부터 하면 낭패를 볼 수 있으니, 30세 미만의 자녀는 취업시킨 뒤 주소지를 옮겨 세대 분리를 하는 것이 안전하다.

일시적 1세대 2주택으로 비과세 특례 활용하기

1세대 1주택뿐 아니라 일시적 1세대 2주택 역시 비과세 혜택을 받을 수 있으니 적극적으로 활용하자. 일시적 1세대 2주택의 요건은 다음과 같다.

- 종전주택을 사고 1년 이상 지나 신규주택을 샀을 때
- 종전주택을 2년 이상 보유했을 때.
  단, 취득 당시 조정대상지역에 소재한 주택은 보유기간 중 2년 이상 거주해야 한다.
- 신규주택을 사고 3년 이내에 종전주택을 팔 때
  단, 조정대상지역에 주택을 소유한 사람이 조정대상지역에서 추가로 집을 샀다면, 신규주택 취득 시기에 따라 다음과 같이 강화된 요건이 적용된다.

종전주택	신규주택	신규주택 취득 시점에 따른 기존주택 매도 기간	
조정지역	조정지역	2018. 9. 13. 이전 취득	3년 내 매도
		2018. 9. 14.~2019. 12. 16. 취득	2년 내 매도
		2019. 12. 17. 이후 취득	1년 내 매도 & 1년 내 전입
조정지역	비조정지역	3년 내 매도	
비조정지역	조정지역		
비조정지역	비조정지역		

토지만 남겨 주택 수 줄이기

양도소득세 비과세 혜택을 받거나 최소한 중과세되지 않으려면 주택 수를 줄이는 것이 중요하다. 만약 낡은 단독주택을 소유했다면 건물을 허물고 땅만 남기자. 건물에 대해 멸실등기를 하면 주택 수에서 제외된다. 건물을 허물기가 여의치 않다면 가족에게 건물만 증여하는

방법도 있다. 단 수증자는 별도 세대원이어야 한다. 낡은 집은 땅이 비싼 것이지 건물은 비싸지 않기 때문에 증여세 부담도 적다. 단, 2021년 2월 17일 이후에 주택을 증여·용도변경하여 1세대 1주택이 되면 비과세를 위한 보유기간은 증여·용도변경으로 최종 1주택이 된 날부터 새로 기산해야 함에 주의해야 한다.

다가구주택 증축하지 않기

다가구주택은 전체가 1주택이기 때문에 다가구주택 1채만 갖고 있다면 1세대 1주택으로 비과세된다. 하지만 옥탑방 건축 등으로 다가구주택 요건에서 벗어나게 되면 개별 호 모두가 주택으로 간주되는 다세대주택이 될 수 있다. 다주택자가 되어 높은 양도소득세를 부담하지 않으려면 다음과 같은 다가구주택 요건을 숙지해야 한다.

- 주택으로 쓰는 층(지하층 제외) 3개 층 이하
- 주택으로 쓰이는 바닥 면적 660m^2 이하
- 19세대 이하

상가주택의 주택 면적 늘리기

흔히 상가주택이라 불리는 겸용주택은 주택 면적이 상가 면적보다 조금이라도 넓다면 전체를 주택으로 보아 비과세 혜택을 받을 수 있다. 상가 면적이 주택 면적보다 크거나 같으면 주택 부분만 비과세되고, 상가 부분은 과세된다.

단, 2022년부터는 9억 원을 초과하는 겸용주택은 면적과 상관없이 주택 부분만 비과세 및 특례장특공제 혜택을 준다. 따라서 9억 원을 초과하는 상가주택은 2022년 전에 파는 것이 양도소득세를 아끼는 방법이다.

장기임대주택 외 거주주택 비과세 특례 활용하기

다주택자여도 비과세 혜택을 받는 한 가지 방법은 '장기임대주택 외 거주주택 특례'를 활용하는 것이다. 10주택자라도 9채를 임대 등록하면, 거주주택 1채를 2년 이상 거주하고 팔 때 양도소득세가 비과세된다.

거주주택 특례를 받으려면 임대주택은 다음과 같은 요건에 맞아야 한다.

(1) 지방자치단체와 세무서에 임대주택으로 등록할 것
(2) 임대 개시일 당시 기준시가가 6억 원(수도권 밖 3억 원) 이하일 것
(3) 임대료 5% 증액 제한을 준수할 것(2019년 2월 12일 이후 갱신분부터 적용)
(4) 의무임대기간을 준수할 것
    ① 2020년 7월 10일 이전 등록 : 단기임대주택 또는 장기임대주택으로 등록하고 5년 이상 임대
    ② 2020년 7월 11일~2020년 8월 17일 등록 : 장기임대주택으로 등록하고 8년 이상 임대
    ③ 2020년 8월 18일 이후 등록 : 장기임대주택으로 등록하고 10년 이상 임대
    단, 2020년 7월 11일 이후 단기임대주택을 장기임대주택으로 변경신고하거나 아파트를 장기임대주택으로 등록해도 거주주택 비과세 혜택을 받을 수 없다.

참고로 거주주택 특례는 평생 1회만 받을 수 있으므로 양도차익이 큰 주택에 사용하는 것이 유리하다.

CHAPTER
5

다주택자 양도소득세
중과 피하기

01 · · · 조정대상지역과 투기과열지구는 다르다

투기과열지구란?
- 주택가격 상승률이 물가 상승률보다 현저히 높거나
- 직전 2개월 평균 청약 경쟁률이 5:1이 넘거나
- 국민주택 청약 경쟁률이 10:1을 넘거나
- 주택 분양 계획이 30% 이상 축소된 경우 투기가 이루어질 우려가 있는 지역으로 서울시, 경기도 과천시·광명시·하남시, 성남시 분당구, 대구시 수성구, 세종시 등이다.

이번 장에서는 양도소득세가 중과되는 경우를 알아보고, 중과세를 피하기 위한 다양한 전략에 대해 살펴보자.

우선 양도소득세가 중과되는 경우는 다주택자가 조정대상지역의 주택을 팔 때다. 정부는 주택가격이 급등함에 따라 계속해서 조정대상지역을 추가로 지정했다. 그 결과 현재 수도권은 물론 지방 중소도시들도 상당수 조정대상지역에 포함됐다.

조정대상지역은 투기과열지구와 다르다. 조정대상지역은 양도소득세 중과 등 세법 강화가 적용되는 지역이다. 반면 투기과열지구는 아파트 청약이나 분양권 전매 등에 제약을 받는 지역이다.

이 둘은 엄연히 다른데 매체에서 조정대상지역, 투기과열지구, 투기지역 등의 용어를 섞어서 사용하기 때문에 종종 오해가 생긴다.

가령 창원시 의창구는 투기과열지구이지만 조정대상지역은 아니다. 그래서 중과세되지 않는다. 세금을 따질 때는 조정대상지역

◘ 조정대상지역 현황(2020년 12월 18일 최종 지정 기준)

시·도	현행
서울	서울 25개구
경기	과천시, 광명시, 성남시, 고양시, 남양주시,[1] 하남시, 화성시, 구리시, 안양시, 수원시, 용인시,[2] 의왕시, 군포시, 안성시,[3] 부천시, 안산시, 시흥시, 오산시, 평택시, 광주시,[4] 양주시,[5] 의정부시, 김포시[6]
	파주시[7]
인천	중구,[8] 동구, 미추홀구, 연수구, 남동구, 부평구, 계양구, 서구
부산	해운대구, 수영구, 동래구, 연제구, 남구, 서구, 동구, 영도구, 부산진구, 금정구, 북구, 강서구, 사상구, 사하구
대구	수성구, 중구, 동구, 서구, 남구, 북구, 달서구, 달성군[9]
광주	동구, 서구, 남구, 북구, 광산구
대전	동구, 중구, 서구, 유성구, 대덕구
울산	중구, 남구
세종	세종특별자치시[10]
충북	청주시[11]
충남	천안시 동남구,[12] 서북구,[13] 논산시,[14] 공주시[15]
전북	전주시 완산구, 덕진구
전남	여수시,[16] 순천시,[17] 광양시[18]
경북	포항시 남구,[19] 경산시[20]
경남	창원시 성산구

투기지역이란?

- 직전 월의 주택가격 상승률이 물가 상승률보다 1.3배 이상 높거나
- 직전 2개월 평균 주택가격 상승률이 전국 평균 주택가격 상승률의 1.3배 이상이거나
- 직전 1년 주택가격 상승률이 연평균 전국 주택가격 상승률을 초과한 경우 투기지역은 대출과 전매가 제한된다. 서울시 강남구·서초구·송파구·강동구·용산구·성동구·노원구·마포구·양천구·영등포구·강서구·종로구·동대문구·동작구·중구, 세종시가 해당된다.

1) 화도읍, 수동면·조안면 제외
2) 처인구 포곡읍·모현읍, 백암면·양지면 및 원삼면 가재월리·사암리·미평리·좌항리·맹리·두창리 제외
3) 일죽면·죽산면·삼죽면·미양면·대덕면·양성면·고삼면·보개면·서운면·금광면 제외
4) 초월읍·곤지암읍, 도척면·퇴촌면·남종면·남한산성면 제외
5) 백석읍, 남면·광적면·은현면 제외
6) 통진읍, 대곶면·월곶면·하성면 제외
7) 문산읍·파주읍·법원읍·조리읍, 월롱면·탄현면·광탄면·파평면·적성면·군내면·장단면·진동면·진서면 제외
8) 을왕동·남북동·덕교동·무의동 제외
9) 가창면·구지면·하빈면, 논공읍·옥포읍·유가읍·현풍읍 제외
10) 건설교통부 고시 제2006~418호에 따라 지정된 행정중심복합도시 건설 예정 지역으로, '신행정수도 후속 대책을 위한 연기·공주 지역 행정중심복합도시 건설을 위한 특별법' 제15조 제1호에 따라 해제된 지역 포함
11) 낭성면·미원면·가덕면·남일면·문의면·남이면·현도면·강내면·옥산면·내수읍·북이면 제외
12) 목천읍, 풍세면·광덕면·북면·성남면·수신면·병천면·동면 제외
13) 성환읍·성거읍·직산읍·입장면 제외
14) 강경읍·연무읍, 성동면·광석면·노성면·상월면·부적면·연산면·벌곡면·양촌면·가야곡면·은진면·채운면 제외
15) 유구읍, 이인면·탄천면·계룡면·반포면·의당면·정안면·우성면·사곡면·신풍면 제외
16) 돌산읍, 율촌면·화양면·남면·화정면·삼산면 제외
17) 승주읍, 황전면·월등면·주암면·송광면·외서면·낙안면·별량면·상사면 제외
18) 봉강면·옥룡면·옥곡면·진상면·진월면·다압면 제외
19) 구룡포읍·연일읍·오천읍, 대송면·동해면·장기면·호미곶면 제외
20) 하양읍·진량읍·압량읍, 와촌면·자인면·용성면·남산면·남천면 제외

만 고려하면 된다.

🏠 중과세되면 양도소득세는 2배 이상

정부는 8·2 대책으로 다주택자의 양도소득세를 강화했다. 이에 따라 2018년 4월 1일 이후부터 다주택자가 조정대상지역에서 주택을 팔면 양도소득세가 중과된다. 하지만 모든 주택이 중과세되는 것은 아니다. 임대주택 등록 등 다양한 예외 규정을 두고 있으므로 규정을 정확하게 이해하면 절세가 가능하다.

🏠 다주택자가 조정대상지역에서 집을 팔면 최대 30%p 중과세

다주택자가 주택을 팔면서 양도소득세가 중과되는 경우는 '조정대상지역'에 한해서다.

양도소득세 기본세율은 6~45%이다. 그러나 조정대상지역에서 다주택자가 집을 팔면 주택 수에 따라 20~30%p를 기본세율에 더한다. 2021년 5월 31일까지는 2주택자 10%p, 3주택 이상은 20%p를 중과세했다. 그러나 2021년 6월 1일 이후 양도분부터 2주택자는 20%p, 3주택 이상은 30%p를 가산하도록 중과세율이 강화됐다.

중과세는 조정대상지역의 주택만 적용되므로 다주택자라 해도 조정대상지역이 아닌 지역의 주택을 팔 때는 중과세되지 않는다.

⌂ 중과세되면 장기보유특별공제가 없다

3년 이상 보유한 부동산은 보유기간에 따라 장기보유특별공제를
해준다. 그러나 다주택자 중과세가 적용되면 장기보유특별공제를
받을 수 없다. 이중으로 불이익을 당하는 것이다. 오래 보유한 주택
일수록 중과세로 인한 불이익이 더 커지는 셈이다.

◼ 주택 수에 따른 중과세율

구분	1세대 2주택	1세대 3주택 이상
조정대상지역 외	기본세율 (6~45%) 적용	
조정대상지역 내	기본세율 + 20%p	기본세율 + 30%p
	장기보유특별공제 적용배제	

⌂ 중과세가 적용되면 세금은 2~3배 증가한다

간혹 중과세로 양도소득세율이 20~30%p 늘어나면 세금이
20~30% 늘어나는 것으로 오해하는 경우가 있다. 과연 그럴까?

양도차익 3억 원, 보유기간은 15년이라고 하자. 일반과세일 때는
약 6,500만 원의 양도소득세를 낸다(지방소득세 포함). 하지만 2주택
자로 20%p 중과세되면 1억 6,850만 원으로 2배 이상 증가한다.

3주택자는 2억 119만 원으로 3배 이상 증가한다. 20%, 30%가
별 것 아닌 듯 보여도 중과세되면 실제 납부해야 할 세금은 몇 배로
늘어나는 것이다.

▣ 양도차익 3억 원, 보유기간 15년인 경우 양도소득세 비교   (단위 : 원)

구분	case 1. 일반과세	case 2. 2주택 중과세	case 3. 3주택 중과세
양도차익	3억	3억	3억
장기보유특별공제	9,000만	장기보유특별공제 배제	장기보유특별공제 배제
양도소득금액	2억 1,000만	3억	3억
양도소득기본공제	250만	250만	250만
과세표준	2억 7,500만	2억 9,750만	2억 9,750만
세율	38%	58%	68%
양도소득세	5,945만	1억 5,315만	1억 8,290만
지방소득세	594만 5,000	1,531만 5,000	1,829만
총납부세액	6,539만 5,000	1억 6,846만 5,000	2억 119만

⌂ 다주택자라도 중과세가 안 되는 경우

다주택자가 조정대상지역의 주택을 팔더라도 무조건 중과세가 적용되는 것은 아니다. 조정대상지역으로 지정되기 이전에 매매계약을 체결하고 계약금을 지급받았다면, 지정 후 잔금을 받더라도 중과세되지 않는다.

또한 조합원입주권은 다른 주택을 팔 때는 주택 수에 포함되지만, 정작 조합원입주권을 팔 때는 중과세되지 않는다.

이외에도 중과세가 적용되지 않는 여러 가지 중과배제주택들이 있다. 이러한 중과배제 규정을 잘 활용하면 다주택자도 중과세를 피할 수 있다.

조정대상지역에서 적용되는 양도소득세 규제 총정리

다주택자는 양도소득세가 중과된다

다주택자가 조정대상지역에 소재한 주택을 팔 때 1세대 2주택이면 기본세율에 20%p를, 1세대 3주택 이상이면 기본세율에 30%p를 더해 세금을 매긴다(2021년 5월 31일 이전 양도분은 2주택자 +10%p, 3주택 이상 +20%p 적용).

중과세되면 장기보유특별공제를 받을 수 없다

다주택 중과세와 장기보유특별공제는 한 세트다. 중과세면 장기보유특별공제도 없고, 중과세가 아니면 장기보유특별공제도 된다. 그래서 다주택자는 이중으로 불이익을 받는다.

1세대 1주택 비과세 거주 요건이 추가된다

조정대상지역 지정 후 취득한 주택은 1세대 1주택 비과세를 받기 위해 2년 이상 보유해야 할 뿐만 아니라 보유기간 중 2년 이상 거주도 해야 한다.

일시적 1세대 2주택 비과세 규정이 강화된다

일시적 1세대 2주택도 종전주택과 신규주택 모두 조정대상지역이라면, 비과세 요건이 강화된다. 신규주택을 2018년 9월 14일~2019년 12월 16일 사이에 산 경우 2년 안에 종전주택을 팔아야 한다(전에는 3년 이내에 팔면 비과세됐다). 만약 신규주택을 2019년 12월 17일 이후에 샀다면 신규주택 취득일부터 1년 이내에 신규주택에 전입하고, 1년 이내에 종전주택을 팔아야 비과세된다. 이때 종전주택은 1세대 1주택 비과세 요건을 갖추어야 한다.

임대주택 등록 혜택이 축소된다
9 · 13 대책으로 2018년 9월 14일 이후부터는 1세대 1주택 이상을 보유한 상태에서 새로 취득한 조정대상지역의 주택은 장기임대주택으로 등록해도 양도소득세 중과배제, 종합부동산세 합산배제 혜택을 받을 수 없다. 단, 2018년 9월 13일 이전에 매수계약을 했다면 종전 규정을 적용해서 등록 혜택을 받을 수 있다.

다주택자의 중과세 판단법

집을 양도할 때 양도소득세가 중과되는지 아닌지를 판단하는 일은 매우 중요하다. 중과되지 않는데 중과된다고 착각해서 납부해도 세무서는 더 낸 세금을 돌려주지 않기 때문이다.

사실 세무사조차 중과세 판단을 하기 힘들어하는 경우가 적지 않다. 이를 정확히 판단할 줄 아는 세무사를 찾아 상담한다 해도, 내가 어느 정도 지식이 있어야 대화가 되고 절세 방법을 찾아낼 수 있다.

중과세가 적용되려면 다음과 같은 3가지 요건을 모두 갖춰야 한다.

- 팔려는 집이 조정대상지역에 있어야 한다.
- 1세대 다주택자여야 한다.
- 중과배제주택이 아니어야 한다.

■ 중과세 판단 순서

이 중 하나라도 충족하지 않으면 중과세가 되지 않는다. 중과세인지 아닌지를 판단하는 순서를 정리하면 다음과 같다.

ⓦ 중과세 판단 순서

1단계 : 조정대상지역 여부 판단

내가 팔려는 집이 조정대상지역에 있는지 아닌지를 확인한다. 조정대상지역이 아니라면 100주택자라도 중과세를 걱정할 필요가 없다.

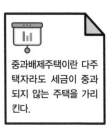

중과배제주택이란 다주택자라도 세금이 중과되지 않는 주택을 가리킨다.

2단계 : 중과세 대상 주택 수 판단

중과세율을 판단하기 위해 1세대가 가진 주택 수를 확인한다. 이때 주택 수에 포함되는 것과 포함되지 않는 것을 구분해야 한다. 지방저가주택은 주택 수에서 제외되고, 조합원입주권은 포함된다. 분

⬇ 중과세 주택 수에서 제외되는 지방저가주택

기준시가	수도권(서울, 경기, 인천) 광역시 세종시	경기도 읍·면 지역 광역시 군지역 세종시 읍·면 지역	그 외 지역
3억 원 초과	주택 수 포함	주택 수 포함	주택 수 포함
3억 원 이하	주택 수 포함	주택 수 제외(지방저가주택)	

양권은 2020년 이전 취득분은 주택 수에 포함되지 않지만, 2021년 이후 신규로 취득한 분양권부터는 주택 수에 포함되므로 주의해야 한다.

중과세 주택 수에서 제외되는 지방저가주택은 다음과 같다.

① 수도권(서울·경기·인천), 광역시, 세종시를 제외한 지역에 소재한 기준시가 3억 원 이하 주택(조합원입주권, 분양권 포함)
② 경기도의 읍·면 지역, 광역시의 군지역, 세종시의 읍·면 지역에 소재하는 주택(조합원입주권, 분양권 포함) 중 기준시가 3억 원 이하인 주택
③ ①, ② 중 조합원입주권은 종전주택 가격 3억 원 이하
④ ①, ② 중 분양권은 공급가격(선택 품목 제외) 3억 원 이하

3단계 : 중과배제주택 여부 판단

다주택자 중과세 규정은 투기 목적의 주택 거래를 막기 위한 것이다. 따라서 투기 목적이 아닌 주택의 거래에 대해서는 중과세하지

않는데, 이런 주택을 중과배제주택이라고 한다.

이 규정을 잘2 활용하면 다주택자라도 중과세를 피할 수 있으므로 숙지해야 한다.

중과배제주택 규정은 1세대 3주택 이상에 적용되는 중과배제주택과 1세대 2주택자만 적용되는 중과배제주택으로 구분된다.

4단계 : 주택 수에 따라 중과세율 적용

중과세 대상 주택 수에 따라 1세대 2주택자는 기본세율에 +20%, 1세대 3주택 이상은 기본세율에 +30%를 더한 중과세율이 적용된다(2021년 5월 31일 이전 양도분은 2주택자 +10%p, 3주택자 이상 +20%p 적용). 중과세가 적용되면 보유기간에 따른 장기보유특별공제도 적용받지 못한다.

⌂ 1세대 3주택 이상일 때 중과배제주택

주택 수(지방저가주택 제외)가 1세대 3주택 이상인 경우에 다음 주택들은 조정대상지역에서 양도하더라도 양도소득세가 중과되지 않는다.

중과배제주택	내용
① 지방저가주택 (중과세 주택 수 제외)	수도권·광역시·세종시 외 지방 소재 주택으로 양도 당시 기준시가 3억 원 이하 주택(단, 경기도·세종시 읍·면 지역과 광역시 군지역의 기준시가 3억 원 이하 주택 포함)
② 소득세법상 장기임대주택	임대 개시일 당시 기준시가 6억 원(수도권 밖 3억 원) 이하 주택
③ 조세특례제한법상 감면 대상 장기임대주택	장기임대주택(제97조, 제97조의 2, 제98조)
④ 장기 사원용 주택	종업원에게 10년 이상 무상 제공하는 사용자 소유의 주택
⑤ 조세특례제한법상 감면 대상 주택	공익사업용 주택(제77조) 미분양주택(제98조의 2, 제98조의 3, 제98조의 5~8) 신축주택(제99조, 제99조의 2, 제99조의 3)
⑥ 문화재주택	문화재보호법 지정문화재·등록문화재 주택
⑦ 상속주택	상속주택으로서 상속일부터 5년 이내의 주택
⑧ 저당권 실행·채권 변제 취득 주택	저당권 실행 또는 채권 변제를 대신해 취득한 지 3년 이내의 주택
⑨ 가정어린이집	시·군·구 인가 및 사업자 등록 후 5년 이상 가정어린이집으로 사용하고, 사용하지 않은 지 6개월 이내의 주택
⑩ 일반주택	①~⑨에 해당하는 주택 외에 1개의 주택만 소유하는 경우 해당 주택
⑪ 조정대상지역 지정 이전 계약 주택	조정대상지역의 공고가 있은 날 이전에 양도를 위한 매매계약을 체결하고 계약금을 지급받은 사실이 증빙서류로 확인되는 주택
⑫ 10년 이상 보유주택	2020년 6월 30일까지 양도하는 보유기간 10년 이상 주택
⑬ 비과세특례 대상 주택	1세대 1주택 비과세 특례 또는 조세특례제한법에 따라 1세대 1주택 비과세 규정이 적용되는 주택

⌂ 1세대 2주택일 때 중과배제주택

주택 수(지방저가주택 제외)가 1세대 2주택인 경우에 다음 주택들은
조정대상지역에서 양도하더라도 양도소득세가 중과되지 않는다.

중과배제주택	내용
① 지방저가주택 (중과세 주택 수 제외)	수도권·광역시·세종시 외 지방 소재 주택으로 양도 당시 기준시가 3억 원 이하 주택(단, 경기도·세종시 읍·면 지역과 광역시 군지역의 기준시가 3억 원 이하 주택 포함)
② 3주택 이상 시 중과배제주택	3주택 이상 시 중과배제주택 ②~⑨ 중 어느 하나에 해당하는 주택
③ 부득이한 사유로 취득한 주택	취학, 근무상 형편, 질병 요양, 그 밖에 부득이한 사유로 다른 시·군으로 이사하기 위해 주택(취득 당시 기준시가 3억 원 이하)을 취득해서 1세대 2주택이 된 경우의 해당 주택(취득 후 1년 이상 거주하고 해당 사유가 해소된 후 3년 이내 파는 경우에 한함)
④ 수도권 밖에 소재하는 주택	취학, 근무상 형편, 질병 요양, 그 밖에 부득이한 사유로 취득한 수도권 밖에 소재하는 주택
⑤ 동거봉양 합가주택	60세 이상의 직계존속과 봉양합가 후 10년 이내의 주택
⑥ 혼인합가주택	혼인한 날부터 5년 이내의 주택
⑦ 소송주택	소유권 관련 소송이 진행 중이거나 소송 결과로 취득한 주택(확정판결일부터 3년 이내에 한함)
⑧ 일시적 2주택	신규주택을 산 지 3년 이내에 양도하는 종전주택
⑨ 기준시가 1억 원 이하 주택	양도 당시 기준시가가 1억 원 이하인 주택(정비구역 및 사업시행구역 내 주택 제외)
⑩ 일반주택	①~⑦에 해당하는 주택 외에 1개의 주택만 소유하는 경우 해당 주택
⑪ 조정대상지역 지정 이전 계약 주택	조정대상지역의 공고가 있은 날 이전에 양도를 위한 매매계약을 체결하고 계약금을 지급받은 사실이 증빙서류로 확인되는 주택
⑫ 10년 이상 보유 주택	2020년 6월 30일까지 양도하는 보유기간 10년 이상 주택
⑬ 상속주택 비과세 특례 대상 주택	상속받은 주택과 일반주택을 소유하다 일반주택을 양도하여 1세대 1주택 비과세가 적용되는 경우 해당 주택
⑭ 거주주택 비과세 특례 대상 주택	장기임대주택과 거주주택을 소유하다 거주주택을 양도하여 1세대 1주택 비과세가 적용되는 경우 해당 주택

| 절세 마스터 | **비과세인 줄 알았는데 중과세라고요?**

2019년도에 세무업계를 놀라게 한 사건이 있었다. 일시적 3주택 이상인 자가 조정대상지역에서 비과세되는 고가주택을 양도한 경우, 비과세 한도인 양도가액 9억 원 초과분에 대해서는 다주택 중과세율을 적용하고 장기보유특별공제율도 적용하지 않는다는 국세청 유권해석이 나온 것이다.

비과세가 적용되는 일시적 3주택 이상인 자란 일시적 2주택 비과세 요건을 갖춘 2채 외에 조세특례제한법상 감면주택이나 임대주택처럼 주택 수에서 제외되는 주택을 추가로 보유한 경우를 말한다.

예를 들어 강남에 10년 이상 보유 및 거주한 시세 30억 원짜리 아파트와 조특법상 감면주택, 새로 매입한 비조정지역 주택까지 총 3채의 주택을 소유했다고 하자.

조특법상 감면주택은 주택 수에서 제외되므로 새 집을 산 지 3년 안에 강남 아파트를 팔면 일시적 2주택 비과세를 적용받을 수 있다. 원래대로라면 9억 원 초과분에 대해서도 최대 80%의 특례 장기보유특별공제율을 적용받기 때문에 세금이 얼마 안 된다고 생각할 수 있다. 그런데 국세청이 내놓은 유권해석에 따르면, 9억 원까지는 비과세지만 9억 원 초과분 양도차익은 중과세가 적용되고, 장기보유특별공제율도 적용받을 수 없다.

조특법상 감면주택은 비과세 판단 시에는 주택 수에 포함되지 않지만, 중과세 판단 시에는 주택 수에 포함되기 때문이다. 이 사례에서 조특법상 특례주택 대신 임대주택이 있어도 마찬가지다. 비과세해준다고 해놓고 뒷덜미를 잡는 격이다. 다행스럽게도 2021년 세법이 개정돼 일시적 3주택 이상인 자가 비과세되는 고가주택을 양도하더라도 9억 원 초과분에 대해 중과세를 적용하지 않도록 바뀌었다. 단, 개정 세법 시행일인 2021년 2월 17일 이후 양도분부터만 적용되므로 기존 양도분에 대해서는 여전히 중과세가 적용된다. 이처럼 비과세와 중과세 판단에는 수많은 함정이 도사리고 있으니, 반드시 세무 전문가의 조언을 듣고 의사결정하기를 권한다.

03 ··· 다주택자가 중과세 피하는 방법

다주택자가 조정대상지역 내에 있는 주택을 양도하면 1세대 2주택은 20%, 1세대 3주택 이상은 30%를 기본세율에 더하고 장기보유특별공제를 적용하지 않는다(2021년 5월 31일 이전 양도분은 2주택자가 10%, 3주택 이상은 20%).

가령 15년 보유한 양도차익 5억 원의 주택을 기본세율로 양도할 경우 양도소득세와 지방소득세를 포함한 세금 부담은 약 1억 2,500만 원이다. 하지만 3주택 이상으로 30% 중과세가 적용되면 차익의 대부분인 3억 5,500만 원을 세금으로 내야 한다. 중과세 여부에 따라 똑같은 집을 팔고도 3배 가까운 세금을 내야 하는 셈이다.

양도소득세 중과 규정은 복잡한 만큼 예외 규정도 많다. 세상에 안 내도 될 세금을 몰라서 내는 것만큼 아까운 일도 없을 것이다.

양도소득세 중과를 피하기 위해 알아야 할 절세법을 몇 가지 소개한다.

ⓦ 다주택자라면 비조정대상지역의 주택을 먼저 판다

양도소득세 중과는 조정대상지역 주택에만 적용된다. 서울과 울산 동구의 2주택자는 서울 집을 팔면 중과세되지만, 비조정대상지역인 울산 동구에 소재한 주택을 먼저 팔고 서울을 팔면 2채 모두 중과세되지 않는다. 만약 1세대 1주택 비과세 요건을 갖췄다면 서울 집에 비과세를 받을 수도 있다.

ⓦ 지방저가주택은 조정대상지역도 중과세되지 않고 주택 수로 치지 않는다

지방저가주택이란 수도권(서울, 경기, 인천)과 광역시 · 세종시를 제외한 지역에 소재한 공시가격 3억 원 이하의 주택을 말한다. 예를 들어 조정대상지역으로 지정된 충청북도 청주시의 경우 공시가격 3억 원 이하 주택은 지방저가주택에 해당돼 중과세되지 않는다.

또한 청주시에 공시가격 2억 원인 아파트 3채와 서울의 아파트 1채를 보유한 사람이 서울 아파트를 팔아도 양도세가 중과세되지 않는다. 지방저가주택은 중과세 주택 수에서 제외돼 1주택자로 보기 때문이다.

단, 중과세가 아닌 양도소득세 비과세를 판단할 때는 지방저가주택도 주택 수에 포함되니 주의하자.

ⓦ 소득세법상 장기임대주택은 중과세되지 않는다

세법에는 중과세가 되지 않는 중과배제주택들을 규정하고 있다. 그 중 대표적인 것이 장기임대주택이다. 구청과 세무서에 임대사업자로 등록하고 등록 요건과 의무임대기간, 임대료 인상 제한을 준수한 장기임대주택은 양도 시 중과세율이 아닌 기본세율을 적용하고 장기보유특별공제도 적용받을 수 있다.

임대주택 중 단기민간임대주택과 아파트 장기임대주택은 의무임대기간 경과로 자동말소된 후 양도해도 중과세되지 않고, 의무임대기간을 다 채우지 못했더라도 의무임대기간의 1/2 이상을 임대하고 자진등록말소 후 1년 이내 양도하면 중과세되지 않는다.

ⓦ 중과세되지 않는 일반주택 규정을 활용한다

장기임대주택 등 중과배제주택을 제외하고 1채의 주택만 소유하고 있다면, 그 주택은 중과세되지 않는다. 이런 주택을 일반주택이라 한다. 일반주택 규정을 잘 활용하면 중과세를 피할 수 있다.

예를 들어 1세대 3주택자가 서울 소재 주택을 팔 때는 20%의 중과세율을 적용받지만, 나머지 2채를 요건을 갖춰 장기임대주택으로 등록하면 서울 집이 일반주택이 되어 중과세가 되지 않는다. 또한 서울 집에 2년 이상 거주했다면 비과세 특례 규정을 적용받을 수도 있다.

⌂ 일시적 2주택자는 3년 내에 종전주택을 팔면 중과세되지 않는다

1주택자가 신규주택을 취득해 일시적으로 1세대 2주택이 되더라도 신규주택 취득일로부터 3년 내에 종전주택을 팔면 중과세가 되지 않는다. 현재 조정대상지역 내의 일시적 2주택자는 신규주택 취득일로부터 1년 이내에 종전주택을 팔고 신규주택에 전입해야 양도세 비과세가 가능한데, 1년이 지나서 종전주택을 팔 경우에도 비과세는 되지 않지만 3년 내에는 중과세가 아닌 기본세율로 과세된다.

⌂ 조정대상지역 공고일 이전에 매도계약을 체결하면 중과세되지 않는다

1세대 다주택자가 조정대상지역 공고일 이전에 주택 매도계약을 하고 계약금을 받았다면, 중과세되지 않는다. 통상 어떤 지역이 조정대상지역으로 지정된다는 발표가 나더라도 실제 공고일까지는 2~3일의 여유가 있다. 따라서 만약 내가 가진 주택이 조정대상지역으로 신규 지정된다면, 지정 공고일 당일까지만 매도계약을 체결하고 계약금을 받은 사실이 증빙서류에 의해 확인되면 양도세 중과세를 피할 수 있다.

조정대상지역 공고일 이전에 매도계약을 하고 계약금을 받을 것.

　실제로 2018년 12월 31일에 수원시 팔달구, 용인시 수지구에서 매도계약이 폭증한 적이 있다. 이 두 지역이 조정대상지역으로 지정된 날이었기 때문이다. 이 날짜에서 하루만 지나 팔아도 중과세되어 양도소득세가 억 단위로 바뀔 수 있기에 "오늘 안에 계약금을 입금하는 사람에게 수천만 원을 깎아주겠다"고 해서 꽤 많은 계약이 이뤄졌다.

🏠 조합원입주권은 중과세 안 된다

조합원입주권은 분양권과 같이 부동산을 취득할 수 있는 권리이지 주택 자체는 아니다. 따라서 비과세와 중과세 판단 시 주택 수에 포함되지 않았다. 하지만 조합원입주권이 투기 목적으로 악용되자 2006년 이후부터는 비과세와 중과세 판단 시 주택 수에 포함하도록 세법이 개정됐다.

단, 지방저가주택과 마찬가지로 지방에 있고 도정법상 종전주택 가격이 3억 원 이하인 조합원입주권은 중과세 판단 시 주택 수에 포함되지 않는다.

그러면 다주택자가 조정대상지역에 있는 조합원입주권을 팔면 중과세될까? 조합원입주권은 다른 주택의 중과세를 판단할 때는 주택 수에 포함되지만, 조합원입주권을 팔 때는 조정대상지역이라도 중과세가 되지 않는다. 따라서 조정대상지역에 주택 1채와 조합원입주권 1개를 갖고 있다면 조합원입주권을 먼저 판 뒤에 주택을 팔면 둘 다 중과세를 피할 수 있다.

⌂ 2021년 이후 취득한 분양권은 중과세 주택 수에 포함된다

분양권 역시 주택이 아닌 부동산을 취득할 수 있는 권리이므로 비과세와 중과세를 판단할 때 주택 수에 포함되지 않는다. 하지만 12 · 16 대책에 따라 2021년 이후 취득한 분양권부터는 비과세 및 중과세 주택 수 계산을 할 때 포함되도록 개정됐다.

단, 2021년 이후 취득한 분양권이라도 지방저가주택과 마찬가지로 지방에 있고 공급계약서상 공급가격(선택 품목 제외)이 3억 원 이하인 분양권은 중과세 판단 시 주택 수에 포함되지 않는다.

▣ 조합원입주권과 분양권의 양도소득세 주택 수 포함 여부

구분	조합원입주권	분양권	
		2020년 이전 취득	2021년 이후 취득
양도소득세 비과세 및 중과세 판단 시	주택 수 포함	주택 수 미포함	주택 수 포함

| 절세 마스터 |

세금은 더 많이
나온 쪽으로 내야 한다

만약 서울 3주택자가 보유 1년 미만의 집 1채를 판다면, 단기세율(40%)에도 해당되고 다주택 중과세율(기본세율 + 20%)에도 해당된다.

과세표준이 5,000만 원이라면 양도소득세는 단기세율로 계산하면 2,000만 원, 중과세율로 계산하면 1,678만 원이다. 이때는 더 많은 2,000만 원으로 양도소득세를 내야 한다.

□ 단기세율 vs 중과세율

비교	과세표준	세율	누진공제	산출세액
단기세율	50,000,000	40%	–	20,000,000
중과세율	50,000,000	44%(24%+20%)	5,220,000	16,780,000
납부세액 = 20,000,000원				

다주택자 중과세 사례별 절세 전략 정리

이번에는 다주택자가 중과세 절세를 위해 어떤 방법을 활용할 수 있는지 다양한 사례를 통해 알아보도록 하자.

1. 조합원입주권 1채, 주택 1채가 있을 때

조정대상지역에 조합원입주권과 주택을 소유하고 있는 상태에서 절세하려면 어떤 식으로 이 둘을 처분해야 할까?

▶ 경우 1
① 조합원입주권을 먼저 팔면 입주권은 중과 대상이 아니므로 일반세율을 적용받는다.
② 그다음에 주택을 팔면 1주택이므로 비과세 요건(입주권 양도 후 비과세 보유기간 2년 기산)을 갖췄다면 비과세, 못 갖췄다면 일반세율을 적용받는다.

▶ **경우 2**

① 주택 먼저 팔면 2주택자로 20% 중과세를 받는다.

② 그러고 나서 입주권을 팔면 입주권은 중과 대상이 아니므로 일반세율을 적용받는다.

당연히 경우 1이 절세할 수 있는 방법이다.

2. 4채 중 2채가 장기임대주택일 때

조정대상지역에 4채의 주택을 보유하고 있는데, 2채는 임대 등록을 마친 주택이라면 어떻게 처분해야 할까?(임대주택은 기준시가 요건 등을 갖춘 소득세법상 장기임대주택에 해당된다고 가정하자)

▶ **경우 1**

① 주택 1을 먼저 팔면 4주택자이므로 중과세율 30%를 적용받는다. 이때 임대주택 2채를 주택 수에서 제외하고 2주택자로 착각해서 중과세 20%로 신고하는 사례가 비일비재하다. 이렇게 잘못 신고하면 나중에 세무서에서 중과세 30%에 가산세까지 부과한다. 중과세를 계산할 때 임대주택은 주택 수에서 제외하지 않는다는 점을 꼭 기억해야 한다.

② 그다음으로 주택 2를 팔면 3주택자지만 일반주택(중과배제주택 외 1주택)이므로 일반과세를 적용받는다. 이때도 1주택자라서 일반과세되는 것이 절대 아니다. 여전히 임대주택 2채는 주택 수에 포함되어 3주택이다. 다만, 임대주택이 중과배제주택이기 때문에 주택 2가 중과배제주택 중 '일반주택'이 돼서 일반과세인 것이다. 이 부분을 정확히 이해해야 한다.

▶ 경우 2

① 임대주택 2채를 먼저 팔면 4주택자지만 임대주택이 중과배제주택에 해당하기 때문에 2채 모두 일반세율을 적용한다. 물론 의무임대기간은 채우고 팔아야 한다.

② 그다음 주택 1을 팔면 2주택이므로 중과세율 20%를 적용받는다.

③ 마지막으로 주택 2를 팔면 일반세율로 과세된다. 물론 1세대 1주택 비과세 요건을 갖췄다면 비과세도 가능하다.

중과세와 관련해서 이 정도만 알아도 웬만한 세무사보다 나을 수 있다. 가끔 세무사 중에도 이 부분을 몰라서 임대주택을 주택 수에서 빼고 중과세율을 적용했다가 낭패를 보는 경우가 있기 때문이다.

3. 조정대상지역 2채, 비조정대상지역 1채일 때

조정대상지역인 강남, 과천, 청주에 주택을 1채씩 보유한 3주택자는 어떻게 처분해야 할까? (양도차익은 강남 10억 원, 과천 3억 원, 청주 1억 원이고 청주는 기준시가 3억원 이하다)

조정대상지역

강남
양도차익 10억

과천
양도차익 3억

청주
양도차익 1억

▶ 경우 1

① 청주주택을 먼저 팔면 3주택이지만 지방저가주택(도지역 기준 시가 3억 원 이하)이므로 일반세율을 적용받는다.

② 그다음 과천주택을 팔면 2주택으로 20% 중과세다.

③ 제일 마지막에 강남주택을 팔면 1세대 1주택으로 일반과세되거나 비과세 요건을 갖췄다면 비과세를 적용받을 수 있다(최종1주택 비과세 보유기간 규정 적용).

▶ 경우 2

① 강남주택을 먼저 팔면 청주주택이 지방저가주택이므로 주택 수에서 제외되어 2주택 20% 중과세를 적용받는다.

② 과천주택을 다음으로 팔면, 청주주택이 중과세 판단 시 주택 수에서 제외되어 1주택이다. 따라서 일반과세된다.

단, 청주주택은 중과세 주택 수에서는 제외되지만, 1세대 1주택 비과세를 판단할 때는 주택 수에 포함된다. 따라서 과천주택이 비과세되지는 않는다.

③ 청주주택을 마지막으로 팔면 1주택자라 일반세율로 과세된다. 1세대 1주택 비과세 요건을 갖췄다면 비과세도 가능하다(최종 1주택 비과세 보유기간 규정 적용).

경우 1처럼 양도차익이 큰 물건을 가장 나중에 팔아야 절세할 수 있다.

4. 전국에 4채의 집이 있을 때

마지막 사례다. 강남에 1채, 분당에 장기임대주택 1채, 과천에 1채(조세특례제한법 99의2 특례주택), 제주도에 1채(기준시가 3억 원 이하), 이렇게 총 4채의 집을 갖고 있다면 어떻게 처분해야 할까?

강남주택을 먼저 파는 경우, 중과세 판단을 위한 주택 수 계산에서 지방저가주택인 제주도주택은 제외돼 3주택이다.

3주택이라도 임대주택과 과천주택이 모두 중과배제주택이기 때문에 강남주택은 일반주택(중과제외주택 외 1주택)이 되어 일반세율을 적용받는다.

그런데 가끔 이런 물건을 중과세 30%로 신고하는 경우도 있다. 강남의 고가주택을 중과세 30%로 신고하는 것과 일반세율로 신고하는 것은 양도소득세가 억 단위로 차이가 날 수 있다.

중과배제주택 중 일반주택에 대한 이해가 그만큼 중요하다는 사실을 다시 한 번 알 수 있는 대목이다.

한눈에 보기

중과세 피하기 전략

조정대상지역인지 확인부터

조정대상지역과 투기과열지구는 다르고, 양도소득세 중과는 조정대상지역 다주택자에게만 해당되는 사항이다. 중과세되지 않는데 중과세로 착각해서 양도소득세를 납부해도 세무서는 더 낸 세금을 돌려주지 않는다. 조정대상지역은 새로 지정되기도 하고 해제되기도 하니 평소 주의를 기울이자. 그것이 절세의 길이다.

중과세 주택 수를 정확히 판단하자

중과세율을 판단하려면 1세대가 가진 주택 수를 정확히 판단해야 한다. 지방저가주택은 주택 수에서 제외되고, 조합원입주권은 포함된다. 분양권은 2020년 이전 취득분은 주택 수에

⬇ 중과세 주택 수에서 제외되는 지방저가주택

기준시가	수도권(서울, 경기, 인천) 광역시 세종시	경기도 읍·면 지역 광역시 군지역 세종시 읍·면 지역	그 외 지역
3억 원 초과	주택 수 포함	주택 수 포함	주택 수 포함
3억 원 이하	주택 수 포함	주택 수 제외(지방저가주택)	

포함되지 않지만, 2021년 이후 신규로 취득한 분양권부터는 주택 수에 포함되므로 주의해야 한다.

중과세를 피하는 주택 처분 순서

① 중과세되지 않는 비조정대상지역의 주택이나 중과배제주택(지방저가주택, 장기임대주택, 조특법상 특례주택 등)부터 판다.

② 양도차익이 적은 집을 먼저 팔아서 1주택 또는 2주택으로 만든다.

③ 양도차익이 가장 큰 집은 1세대 1주택 비과세 또는 일시적 2주택 비과세를 받는다.

④ 어쩔 수 없이 양도차익이 큰 집을 먼저 팔아야 한다면, 다른 주택들을 임대주택으로 등록해서 중과배제주택 외 1주택인 '일반주택'으로 만들거나 2년 이상 거주해 거주주택 비과세 특례를 적용받는다.

다양한 중과배제주택 알기

양도소득세가 중과되지 않는 다양한 예외가 있다. 다양한 중과배제주택들을 알아두면 절세의 길이 보인다.

CHAPTER
6

주택 임대 시
종합소득세

01 ··· 종합소득세는 어떻게 과세할까?

개인의 소득에는 여러 종류가 있다. 사업을 해서 얻은 소득은 사업소득이고, 근로자로 일을 해서 얻은 소득은 근로소득이다. 이외에 이자소득, 배당소득, 기타소득, 연금소득, 양도소득, 퇴직소득이 있다.

이 중 이자소득, 배당소득, 근로소득, 사업소득, 기타소득, 연금소득은 한 해 동안 번 돈을 모두 합쳐서 세금을 물린다. 이를 종합소득세라고 한다.

종합소득세는 누진세율 구조라 여러 가지 소득이 많은 사람일수록 합산되어 더 많은 세금을 내게 된다. 반면 양도소득과 퇴직소득은 종합소득과 합산하지 않고 별도로 세금을 과세한다.

종합소득세는 누진세율 구조! 소득이 많을수록 더 많은 세금을 낸다.

⌂ 종합과세보다 분리과세가 이득

대부분의 근로소득자는 직장에서 연말정산으로 소득세 신고가 끝 난다. 그런데 만약 금액과 상관없이 모든 소득을 합산한다면 직장 인이 약간의 이자소득이나 배당소득만 있어도 5월에 종합소득세 신고를 해야 할 것이다.

이런 불편을 막기 위해 종합과세의 실익이 없는 일정 금액 이하 의 소득에 대해서는 합산하지 않고 별도로 과세하는데, 이를 분리 과세라 한다. 분리과세되는 소득은 다음과 같다.

- 연 2,000만 원 이하의 금융소득(이자소득 + 배당소득)
- 연 2,000만 원 이하의 주택임대소득
- 일용직근로소득
- 연 1,200만 원 이하의 연금소득
- 연 300만 원 이하의 기타소득

🔻 소득별 과세표준과 세율

종합소득	분리과세소득		과세표준	세율
이자소득	연 2,000만 원 이하 금융소득		1,200만 원 이하	6%
배당소득			4,600만 원 이하	15%
사업소득	연 2,000만 원 이하 주택임대소득		8,800만 원 이하	24%
근로소득	일용직근로소득		1.5억 원 이하	35%
연금소득	1,200만 원 이하		3억 원 이하	38%
기타소득	300만 원 이하		5억 원 이하	40%
			5억 원 초과	42%
			10억 원 초과	45%

🏠 양도소득과 퇴직소득은 종합소득세와 따로 과세된다

양도소득과 퇴직소득의 공통점은 오랫동안 누적된 소득이 집을 파는 순간이나 회사를 그만두는 순간 한 번에 과세된다는 점이다. 이런 장기간의 소득을 1년 단위의 소득인 종합소득에 합산하면 세 부담이 급격하게 증가한다.

따라서 양도소득세, 퇴직소득세, 종합소득세는 서로 합산하지 않고 각각 별도로 과세한다. 이를 분류과세라 한다.

주택임대소득 과세 방법 ···

2,000만 원 이하 주택임대수입도 세금을 낸다

2018년까지는 주택임대수입이 연 2,000만 원 이하라면 전액 비과
세됐다. 따라서 별도로 세금을 내지 않았고, 소득을 신고할 필요도
없었다. 여기서 주택임대수입이란 이자비용, 수리비 등의 필요경비
를 차감하기 전의 매출액을 말한다.

따라서 월세로 1년에 3,000만 원을 벌고 필요경비로 2,000만 원
을 썼다면 주택임대수입은 3,000만 원이고, 주택임대소득은 1,000
만 원(수입금액-필요경비)이다.

하지만 2019년부터는 2,000만 원 이하의 주택임대수입에도 소
득세가 과세된다. 따라서 2019년에 주택임대수입이 있었다면 2020
년 5월에 소득세 신고를 해야 한다. 단, 연 2,000만 원 이하라면 분
리과세와 종합과세 중 선택해서 신고할 수 있다.

▶ 주택임대수입에 따른 소득세 과세 방법

주택임대수입	과세 방법
2,000만 원 이하	분리과세 14%(종합과세 선택 가능)
2,000만 원 초과	종합과세 6~45%

분리과세 신고란 다른 종합소득과 합산하지 않고, 일정 비율의 경비를 차감한 뒤 14%의 낮은 세율로 세금을 내는 방식을 말한다. 반면 종합과세로 신고하는 쪽이 세금이 더 적다면 분리과세 대신 종합과세 방식으로 신고할 수 있다.

⌂ 3주택자부터는 임대보증금에 대해서도 과세한다

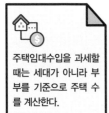

주택임대수입을 과세할 때는 세대가 아니라 부부를 기준으로 주택 수를 계산한다.

주택임대수입의 과세 범위는 부부가 보유 중인 주택 수에 따라서 달라진다. 세대가 아니라 부부를 기준으로 주택 수를 계산한다는 점에 주의해야 한다. 즉 부부가 가진 주택 수만 합산하고, 한 집에 살더라도 부모나 자녀가 보유한 주택은 포함되지 않는다.

예를 들어 한 집에 사는 아버지, 아들, 며느리가 각자 1주택씩 보유했다면 양도소득세에서는 1세대 3주택으로 본다. 하지만 주택임대소득을 계산할 때는 아버지는 1주택자로 비과세가 적용되고, 아들과 며느리는 부부 합산 2주택으로 보아 월세소득에 대해서만 과세된다. 참고로 소득세는 배우자의 소득을 합산하지 않고 소유자별로 각자 계산한다.

- 1주택

  임대소득이 비과세된다. 단, 공시가격이 9억 원을 초과하는 고가주택 보유자는 1주택이라도 월세소득에 대해서 과세한다.

- 2주택

  월세만 과세하고 전세는 과세하지 않는다.

- 3주택 이상

  월세는 물론 전세에 대해서도 간주임대료로 과세한다.

주택임대수입 계산 방법

- 부부 합산 1주택 = 비과세(고가주택은 월세소득에 과세)
- 부부 합산 2주택 = 월세 × 개월 수
- 부부 합산 3주택 = 월세 × 개월 수 + 간주임대료

보증금을 임대료로, 간주임대료

간주임대료란 임대보증금을 임대료로 간주하여 과세하는 것이다. 임대보증금을 금융기관에 예치했을 때 받는 이자 정도로 생각하면 쉽다.

간주임대료는 부부 합산 3주택 이상일 때만 계산한다. 또한 보증금 합계액이 3억 원을 초과하는 금액의 60%에 대해서만 계산한다.

* 정기예금이자율
은 매년 법으로 고
시한다. 2020년
1.8%에서 2021년
1.2%로 인하됐다.
** 임대 관련 이자
및 배당금 차감은
장부 기장 시에만
적용하고 추계 시
에는 적용하지 않
는다.

따라서 3주택 이상이라도 보증금 합계액이 3억 원 이하라면 간주임대료를 계산할 필요가 없다.

간주 임대료 계산식은 다음과 같다.

- 간주임대료 = (보증금 - 3억 원) × 60% × 1.8%(정기예금이자율*) - 임대 관련 이자 및 배당금

사례를 통해 남편과 부인의 주택임대수입은 각각 얼마인지 계산해 보자. 남편은 전세보증금이 2억 원인 주택 1채를 소유하고 있다. 부인은 전세보증금이 각각 3억 원과 4억 원인 2채의 주택을 소유하고 있다.

부부 합산 3주택이므로 전세보증금에 대해 간주임대료를 계산해야 한다. 소득세는 사람별로 부과되므로, 남편은 전세보증금이 3억 원 이하라 간주임대료가 없다. 부인의 간주임대료는 다음과 같다.

- (7억 - 3억) × 60% × 1.8%(정기예금이자율)= 432만 원

  (임대 관련 이자 및 배당금 제외**)

⌂ 주택 수에서도 빠지고 간주임대료도 없는 소형주택

전용면적 $40\,m^2$ 이하이고 기준시가가 2억 원 이하인 소형주택은 2021년 말까지 주택임대소득에 대해 과세할 때 주택 수에서 제외되고, 간주임대료도 계산하지 않는다. 따라서 소형주택 100채를 전세로 임대하더라도 세금이 없다.

예를 들면, 부부 합산 3주택을 임대 중이고 그중 1채가 소형주택이라면 주택임대소득 과세 대상 주택 수는 2채다. 따라서 월세만 과세하고 간주임대료는 비과세된다.

⌂ 공동으로 소유한 주택은 누구의 주택 수에 들어갈까?

공동소유한 집은 지분이 가장 큰 사람의 주택 수에 포함된다. 만약 지분이 같다면 각각의 주택 수에 포함한다. 하지만 합의로 1인을 임대소득의 귀속자로 정했다면 그 사람 소유로 본다.

단 2020년부터는 소수지분자라도 해당 주택의 임대소득이 연 600만 원 이상이거나 기준시가가 9억 원을 초과하는 고가주택은 지분율이 30%를 넘어가면 주택 수에 포함된다.

🏠 임대는 다가구주택으로!

구분등기가 되지 않은 다가구주택은 호수가 여러 개라도 1채의 주택으로 본다. 따라서 부부가 다가구주택 1채를 임대하는 경우 기준시가가 9억 원 이하라면 임대소득에 대해 과세하지 않는다.

가령 서울의 다가구주택은 시세가 20억 원이라도 기준시가는 9억 원이 안 되는 경우도 많다. 이런 다가구주택을 임대하면, 월세가 몇 백만 원씩 들어와도 부부 합산 1주택자라 소득세를 내지 않아도 된다.

임대수입이 연 2,000만 원 이하일 때 03

⌂ 분리과세와 종합과세 중 선택 가능

앞서 배웠듯이 주택임대수입이 연 2,000만 원 이하라면 분리과세와 종합과세 중 유리한 쪽을 선택할 수 있다. 분리과세는 다른 소득과 합산하지 않고 14%의 낮은 세율로 과세하기 때문에 종합과세에 비해 일반적으로 세 부담이 적다.

하지만 주택임대소득 외에 다른 소득이 없거나 실제 지출한 비용이 많다면 종합과세 세금이 더 적을 수도 있다.

분리과세로 신고할 때는 수입금액에서 필요경비율 50%와 기본공제 200만 원을 빼고 분리과세 세율 14%로 소득세를 계산한다. 이때 기본공제는 분리과세 주택임대소득을 제외한 종합소득금액이 2,000만 원 이하인 사람만 공제받을 수 있다.

지자체와 세무서에 임대주택으로 등록한 경우에는 필요경비율

60%와 기본공제 400만 원을 공제해준다. 주택 임대를 장려하기 위해서다.

그렇다면 주택임대수입이 있으면 무조건 세금을 내야 할까? 아니다. 다른 종합소득금액이 2,000만 원 이하인 사람은 기본공제를 받을 수 있기 때문에 일정 금액 이하는 세금이 나오지 않는다.

임대주택 등록을 한 사람은 연 1,000만 원까지는 세금이 없고, 임대주택 등록을 하지 않은 사람은 연 400만 원까지는 세금이 없다.

- 등록 임대주택 : (1,000만 원 - 1,000만 원 × 60% - 400만 원) × 세율(14%) = 0원
- 미등록 임대주택 : (400만 원 - 400만 원 × 50% - 200만 원) × 세율(14%) = 0원

하지만 다른 종합소득금액이 2,000만 원이 넘는 사람은 기본공제를 받지 못하기 때문에 아주 적은 임대소득이라도 모두 세금이 부과된다.

임대주택 등록하면 소득세 감면

국민주택 규모 이하이고, 기준시가 6억 원 이하인 주택을 임대주택으로 등록하면 소득세 감면 혜택을 받을 수 있다. 4년 단기임대주택으로 등록하면 30% 세액 감면을 받을 수 있고, 8년 장기임대주택

으로 등록하면 75% 세액 감면을 받을 수 있다. 다만, 세액감면액의 20%는 농어촌특별세로 내야 한다.

이 혜택은 2022년까지 한시적으로 적용된다. 2021년부터는 혜택이 축소되어 임대주택을 2호 이상 임대하는 경우 단기임대주택은 20%, 장기임대주택은 50%로 감면율이 줄어들 예정이다.

분리과세 한도인 연 2,000만 원을 기준으로 임대주택 등록 여부에 따른 세금은 다음의 표와 같다.

구분	미등록	단기임대 등록	장기임대 등록
주택임대수입금액	20,000,000원	20,000,000원	20,000,000원
필요경비율	× 50%	× 60%	× 60%
필요경비	(10,000,000원)	(12,000,000원)	(12,000,000원)
기본공제	(2,000,000원)	(4,000,000원)	(4,000,000원)
과세표준	8,000,000원	4,000,000원	4,000,000원
세율	× 14%	× 14%	× 14%
산출세액	1,120,000원	560,000원	560,000원
세액감면율	–	30%	75%
농어촌특별세	–	33,600원	84,000원
결정세액	1,120,000원	325,600원	224,000원

04 ... 임대수입이 연 2,000만 원을 초과할 때

종합소득세는 어떻게 신고할까?

주택임대수입이 2,000만 원을 초과하면 전체 금액이 종합과세된다. 가령 주택임대수입이 2,100만 원이라면 2,000만 원을 넘는 100만 원만 종합과세되는 것이 아니라 2,100만 원 전액이 종합과세된다.

주택임대소득이 종합과세되면 다른 근로소득, 사업소득, 이자소득, 배당소득, 연금소득, 기타소득과 합산해야 한다(양도소득과 퇴직소득은 분류과세라 제외). 그래서 세 부담이 커지고, 신고 방법도 달라진다. 이때부터는 사업자 세금 계산에 대해 알아야 한다.

종합소득세는 추계신고 또는 장부신고를 할 수 있다. 추계신고는 경비증빙 없이 정부가 정한 업종별 경비율을 일괄 차감해서 소득금액을 계산하는 방법이다. 장부신고는 실제 지출한 비용을 장부로 작성해서 신고하는 방식이다.

월세로 연 3,000만 원을 받고 있지만 대출이자와 필요경비가 1,500만 원이라면 순이익은 2,000만 원 이하다. 그렇다고 분리과세가 가능한 것이 아니다. 순이익이 아니라 수입금액으로 판단하기 때문이다.

정해진 비율대로, 추계신고

추계신고에 사용하는 경비율에는 단순경비율과 기준경비율이 있는데, 정부에서 업종별로 매년 고시한다. 참고로, 2020년에는 단순경비율이 42.6%, 기준경비율은 13.1%다.

2020년 귀속 단순경비율을 적용하면, 내가 100원을 벌었을 때 단순경비율에 해당하는 42.6원을 경비 처리하고 57.4원만 소득으로 보는 것이다.

기준경비율을 적용하면 13.1원만 경비 처리하고 86.9원을 소득으로 본다. 기준경비율에서는 추가로 실제 지출된 매입비용, 임차료, 인건비를 경비로 인정해주지만, 주택임대업에서는 이러한 비용들이 거의 없기 때문에 단순경비율이 기준경비율보다 훨씬 유리하다.

전년도 소득금액이 2,400만 원 이하거나 신규사업자 중 주택임대소득이 연 7,500만 원 이하라면 단순경비율을 사용할 수 있다. 이 기준을 초과하는 사업자는 기준경비율로 신고해야 한다.

실제로 쓴 대로, 장부신고

장부신고에는 간편장부 방식과 복식부기 방식이 있다. 복식부기 방식은 회계 지식이 없는 개인이 직접 처리하기 어렵기 때문에 경비 지출증빙을 갖춰서 세무사에게 신고를 의뢰하는 것이 일반적이다.

임대소득에서 경비 처리되는 대표적인 항목들은 다음과 같다.

① **이자비용**

임대용 주택을 사면서 대출을 받았다면 그 이자는 경비 처리된다. 세입자에게 임대보증금을 돌려줄 때 돈을 빌렸다면 이에 대한 이자도 마찬가지로 경비 처리된다.

② **제세공과금**

임대한 주택의 재산세, 종합부동산세, 벌금 등은 경비로 인정된다. 단, 과태료는 인정되지 않는다.

③ **수선비**

벽지·장판·싱크대·전구 교체비용 등은 수선비로 경비 처리된다. 양도소득세에서는 경비 처리가 안 됐지만 임대소득세에서는 가능하다. 자본적 지출(새시·보일러 교체, 발코니·방 확장)은 임대소득세에서 경비 처리하지 않고 나중에 양도소득세에서 한다.

④ **지급수수료**

월세나 전세 중개수수료는 경비 처리된다. 하지만 집을 사면서 지출한 매매수수료는 양도소득세에서 경비 처리된다. 매체에 광고를 했다면 광고선전비도 지급수수료로 처리할 수 있다. 세무사 기장수수료도 경비 처리가 가능하다.

⑤ **인건비**

관리인이나 청소부를 두고 있다면 급여·상여금·퇴직금을 경비 처리할 수 있다. 가족이라도 가능하다. 법인으로 임대사업을 한다면 법인 대표자 급여도 경비 처리 가능하다. 개인사업자의 급여는 인정되지 않는다.

⑥ **복리후생비**

직원이 있다면 4대 보험료를 경비로 처리할 수 있고, 없다면 사업자 본인의 건강보험료를 경비로 처리할 수 있다.

⑦ **감가상각비**

감가상각비는 경비 처리된다. 그래서 당장 그해에는 소득세가 줄어든다. 하지만 취득가에서 차감되기 때문에 나중에 양도소득세가 증가한다. 양도차익이 늘어나기 때문이다.

임대소득세에서 감가상각비는 경비 처리를 해도 되고 안 해도 된다. 양도소득세율이 더 높기 때문에 보통은 하지 않는다.

⑧ **기타비용**

기부금, 소모품비, 전기요금, 수도요금, 소멸성 화재보험료 등을 경비로 처리할 수 있다.

장부신고 시에는 경비 처리를 최대한 받아야 세금을 아낄 수 있다. 따라서 경비 지출 시에는 그때그때 영수증과 송금 내역 등 지출증빙 서류를 잘 모아두어야 한다.

감가상각비 활용해 세금 아끼기

감가상각비로 종합소득세가 얼마나 줄어들까?

가령 토지는 8,000만 원, 건물은 1억 2,000만 원인 2억 원짜리 아파트가 있다고 하자. 이 아파트를 30년 동안 감가상각하면 1년에 최대 400만 원을 감가상각비로 경비 처리할 수 있다.

이 아파트를 임대해서 얻는 소득이 연 1,000만 원이고 대출이자가 500만 원이라면, 임대소득은 연 500만 원이다. 여기서 감가상각비 400만 원을 경비 처리하면 임대소득은 100만 원으로 줄어든다. 소득세율이 40%라면 160만 원의 소득세를 아낄 수 있다.

하지만 이 아파트를 팔 때는 그동안 감가상각한 금액만큼 취득가액이 줄어든다. 10년간 4,000만 원을 감가상각했다면 취득가액은 2억 원이 아니라 1억 6,000만 원이 되어 그만큼 양도차익이 커진다. 만약 양도소득세율이 40%라면, 감가상각비 경비 처리로 인해 양도소득세가 1,600만 원 늘어난다. 결국 오늘의 종합소득세 절세가 나중의 양도소득세 증가로 이어지는 것이다. 종합소득세율보다 양도소득세율이 큰 경우가 많기 때문에 보통은 감가상각비를 경비 처리하지 않는다. 하지만 다음의 3가지 경우는 감가상각비를 경비 처리하는 것이 유리하다.

시세가 떨어져서 양도차익이 없을 것으로 예상되는 경우

취득가격보다 현재 시세가 하락해서 양도차익이 나지 않는 부동산은 감가상각을 하는 것이 유리하다. 감가상각을 해도, 양도차익 자체가 없으므로 양도소득세에 영향을 끼치지 않기 때문이다.

상속이나 증여할 부동산

상속이나 증여를 받은 부동산의 취득가는 상속 · 증여 시점의 시세로 평가한다. 따라서 기존에 감가상각한 금액은 모두 사라지게 된다.

가령 아버지가 10억 원에 취득한 부동산을 3억 원만큼 감가상각비를 경비 처리하고 자녀에게 증여한다고 하자. 증여 시점의 부동산 시세가 20억 원이라면 감가상각 여부와 관계없이 자녀의 취득가는 20억 원이다. 따라서 상속이나 증여할 부동산은 감가상각을 적극적으로 활용하는 것이 유리하다. 다만, 부담부증여의 경우에는 양도소득세가 증가할 수 있어 주의해야 한다.

장기임대주택으로 등록한 집

일정 요건을 갖춘 장기임대주택은 등록 후 8년, 10년이 경과하면 50% 또는 70%의 장기보유특별공제를 받을 수 있다. 따라서 종합소득세에서 감가상각을 하더라도 향후 양도소득세가 조금밖에 증가하지 않는다. 또한 주택에 대한 감가상각비 경비 처리를 통해서 이미 낸 세금을 환급받을 수도 있다. 가령 실제로는 임대소득이 있지만 감가상각비를 경비 처리해서 결손이 발생하면, 다른 근로소득이나 사업소득에서 차감해 소득세를 줄이거나 환급받게 된다.

참고로, 상가 임대소득의 결손금은 다른 소득에서 차감할 수 없다. 다음 해의 상가 임대소득에서 이월해 차감해준다. 반면 주택은 임대소득 결손금을 그해의 다른 소득에서 차감할 수 있다.

감가상각은 임의상각이기 때문에 감가상각비를 최대 한도까지 할 수도 있고, 그보다 낮게 할 수도 있다. 어느 주택을 감가상각할지도 내가 정할 수 있다. 따라서 감가상각비를 잘 활용하면 세금을 아낄 수 있다.

주택임대소득 절세법

주택임대수입 계산 방법

주택임대 수입은 부부 합산 주택 수에 따라 과세 범위가 달라진다. 이때 전용면적 $40m^3$ 이하이고 기준시가 2억 원 이하인 소형주택은 주택 수에서 제외된다.

① 부부 합산 1주택자는 비과세(단, 고가주택은 월세소득 과세)
② 부부 합산 2주택자는 월세만 과세
③ 부부 합산 3주택자부터는 월세 + 간주임대료 과세

간주임대료 = (보증금합계액 − 3억 원) × 60% × 1.8%(정기예금이자율)

연 2,000만 원 이하는 분리과세 가능

연간 2,000만 원 이하의 주택임대수입은 분리과세로 신고할 수 있다. 분리과세로 신고할 때는 수입금액에서 필요경비율 50%와 기본공제 200만 원을 빼고 분리과세 세율 14%로 소득세를 계산한다. 한편 지자체와 세무서에 임대주택으로 등록한 경우에는 필요경비율 60%와 기본공제 400만 원을 공제해준다.

※ 분리과세 소득세 계산법
① 미등록 임대주택 = (수입금액 − 수입금액 × 50% − 200만 원*) × 14%

② 등록 임대주택 = (수입금액 − 수입금액 × 60% − 400만 원*) × 14%

* 기본공제는 주택임대소득을 제외한 다른 종합소득금액이 2,000만 원 이하인 경우에만 해당

연 2,000만 원을 초과할 땐 종합과세

주택임대수입이 연 2,000만 원을 초과하면 종합과세되고, 추계신고나 장부신고로 신고한다. 추계신고는 업종별 경비율을 일괄 차감해서 소득금액을 계산한다. 반면 장부신고는 실제 지출 비용을 경비 처리한다. 장부신고 시 다음과 같은 비용은 경비 처리되니 증빙서류들을 빠뜨리지 말고 모아두자.

① 이자비용 : 임대용 주택을 구입하며 대출을 받았거나 임대보증금을 반환할 때 대출을 받았다면 그 이자
② 제세공과금 : 임대주택의 재산세, 종합부동산세, 벌금 등(과태료는 경비로 인정되지 않음)
③ 수선비 : 벽지·장판·싱크대·전구 교체 등에 든 비용(섀시·보일러 교체, 베란다·방 확장 등의 비용은 나중에 양도소득세에서 경비 처리)
④ 지급수수료 : 월세나 전세 중개수수료(매매수수료는 양도소득세에서 경비 처리), 기장 수수료, 광고선전비
⑤ 인건비 : 관리인이나 청소부의 급여, 상여금, 퇴직금
⑥ 복리후생비 : 직원이 있다면 4대 보험료, 주택임대사업자 본인의 건강보험료
⑦ 감가상각비 : 감가상각비를 경비 처리하면 소득세가 줄어든다. 하지만 취득가에서 차감되어 양도소득세 증가하므로 보통은 하지 않는다.
⑧ 기타비용 : 기부금, 소모품비, 전기요금, 수도요금, 소멸성 화재보험료 등

주택임대사업자 등록으로 절세하기

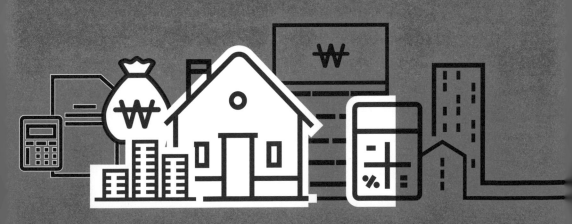

01 ··· 임대주택 등록, 꼭 해야 할까?

ⓦ 주택임대사업자 등록은 지방자치단체와 세무서, 2종류

임대사업자 등록 방법
- 사업자 주소지 관할 시·군·구청 건축과 (주택과) 방문 신청
- 렌트홈(https://www.renthome.go.kr/)에서 신청

제출 서류
- 임대사업자 등록 신청서(해당 지자체에 비치)
- 등기부등본 또는 매매계약서(소유권이전 등기 전)
- 주민등록초본 또는 신분증 사본

임대사업자 등록은 두 군데에서 할 수 있다. 지방자치단체(시·군·구청)와 세무서다. 이 차이점을 확실히 알아둘 필요가 있다. 지방자치단체에 임대주택을 등록하는 것은 민간임대주택에 관한 특별법(이하 민간임대주택법)에 따른 등록이다.

민간임대주택법에 따른 등록을 하면 임대의무기간 동안 팔 수 없고 임대료도 마음대로 올릴 수 없다. 재산권 행사에 제약을 받게 되는 것이다.

반면 세무서에 임대사업자 등록을 하는 것은 소득세법상 세금신고를 위한 것일 뿐 팔거나 임대료를 올리는 데는 아무 제약이 없다.

이러한 구분을 잘 알지 못하고 무조건 지자체에 임대사업자 등록을 하면 큰 피해를 보게 된다.

정부는 2019년 주택임대소득부터 전면과세를 시행하고, 2020년부터 사업자 미등록 가산세를 부과한다고 발표했다. 기존에는 주택임대소득에 대해서는 사업자 등록을 하지 않아도 별도의 가산세가 없었다. 하지만 2020년부터는 사업자 등록을 하지 않으면 주택임대수입의 0.2%를 미등록 가산세로 내야 한다.

여기서 사업자 등록이란 소득세법에 따른 세무서 사업자 등록을 말한다. 절대로 민간임대주택법에 따른 지방자치단체 사업자 등록이 아니다.

많은 분들이 임대주택 등록이 의무화됐다며 지방자치단체에 가서 임대사업자 등록을 하는데, 이는 완전히 번지수를 잘못 찾은 것이다. 지방자치단체에 임대주택으로 등록하면 의무기간 동안 팔지도 못하고 임대료도 못 올린다.

임대 등록이 의무화된 것은 세무서 사업자 등록이지 지방자치단

▶ 부동산 세금별 관할 조직

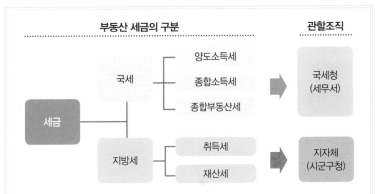

체 사업자 등록이 아니므로 주의해야 한다.

🏠 지방자치단체 임대주택 등록은 의무가 아닌 선택

지방자치단체에 임대주택 등록을 하는 까닭은 취득세, 재산세, 양도소득세, 종합소득세, 종합부동산세 등 다양한 세제 혜택을 받기 위해서다. 그래서 의무가 아니라 선택이다.

하지만 일단 등록을 하면 의무 규정을 지켜야 한다. 다음의 의무 규정을 지키지 않으면 과태료를 내야 한다.

- 임대의무기간(4년/8년/10년) 내에 매도할 수 없다.
- 임대료를 연 5% 초과해서 올릴 수 없다.
- 임대 조건이 바뀔 때마다 신고해야 한다.
- 표준임대차계약서를 써야 한다.

🏠 임대주택이라고 무조건 세제 혜택을 받는 것은 아니다

임대주택은 쉽게 말해 일정 요건을 갖추어 등록하면 세제 혜택을 주고, 의무를 위반하면 과태료 등 불이익을 받는 구조다. 그런데 세제 혜택과 과태료 규정이 모두 다른 법률로 돼 있어 서로 일치하지 않는다.

세제 혜택과 요건은 세금 종류에 따라 지방세법, 소득세법, 종합부동산세법, 조세특례제한법 등에서 각각 별도로 규정하고 있고, 의무사항과 과태료는 민간임대주택에 관한 특별법에서 규정하고 있다. 따라서 임대주택으로 등록했더라도 각 세법에서 정한 요건을 갖추지 못하면 세제 혜택을 받을 수 없다.

임대주택으로 등록하기 전에 내가 받을 수 있는 혜택이 무엇인지 잘 알아봐야 한다. 무턱대고 등록부터 하면 혜택은 못 받고 의무 규정만 지켜야 하는 일이 발생할 수 있다.

가령 기준시가가 6억 원을 초과하고 전용면적도 85m^2를 초과하는 주택은 임대주택으로 등록해도 받을 수 있는 세제 혜택이 없다. 또한 2018년 9·13 대책 후 조정대상지역에서 신규 취득한 주택은 임대주택으로 등록해도 양도소득세 중과배제, 종합부동산세 비과세 등의 혜택을 받을 수 없다.

임대주택 규정이 복잡한 이유

정부가 치솟는 집값을 잡기 위해 연일 부동산 대책을 발표하면서 임대주택과 관련된 규정들도 수차례 개정됐다. 이에 따라 임대주택의 종류, 취득 시점, 등록 시점, 취득 지역에 따라 세제 혜택을 받기 위한 요건들이 달라졌다. 따라서 임대주택 규정을 제대로 이해하려면 임대주택과 세법의 변천사를 알아야 한다.

과태료 vs 세제 혜택, 서로 다른 의무임대기간

1994년부터 시행되던 '임대주택법'은 2015년 12월 29일자로 '민간임대주택에 관한 특별법'으로 전면 개정됐다. 기존 임대주택법에서는 매입임대주택과 준공공임대주택으로 나뉘어 의무임대기간은 각각 5년, 10년이었는데, 민간임대주택에 관한 특별법에서는 의무임대기간을 각각 4년과 8년으로 단축하고 매입임대주택의 명칭을 단

◘ 임대주택 규정 연혁

시행기간	~2013.12.4.	2013.12.5.~ 2015.12.28.		2015.12.29.~ 2018.7.16.		2018.7.17.~ 2020.8.17.		2020.8.18.~
법률명	임대주택법	임대주택법		민간임대주택에 관한 특별법		민간임대주택에 관한 특별법		민간임대주택에 관한 특별법
임대주택 명칭	매입	매입	준공공	단기	준공공	단기민간	장기일반민간	장기일반민간
의무임대기간	5년	5년	10년	4년	8년	4년	8년	10년

기임대주택으로 변경했다.

하지만 소득세법이나 종합부동산세법 등의 세법 규정은 개정되지 않아 여전히 5년을 의무임대해야 세제 혜택을 받을 수 있었다. 즉 단기임대주택을 등록 후 4년간 임대하고 팔면 민간임대주택법상 과태료는 없지만, 세법상 세제 혜택은 받을 수 없다. 세법상 의무임대기간은 5년이기 때문이다.

⌂ 2018. 4. 1. 이후 등록분부터
단기임대주택 일부 세제 혜택 축소

2018년 3월 31일 이전에 주택임대사업자로 등록한 경우에는 민간임대주택법상 단기임대주택이든 준공공임대주택이든 상관없이 5년만 임대하면 양도소득세 중과배제, 종합부동산세 합산배제 혜택을 받을 수 있었다.

하지만 2018년 4월 1일 이후에는 단기임대주택으로 등록하면 혜택을 받을 수 없고, 준공공임대주택으로 등록해서 8년 이상 의무

임대해야 양도소득세 중과배제와 종합부동산세 합산배제 혜택을
받을 수 있다.

　반면, 거주주택 비과세 특례 규정은 2018년 4월 1일 이후 단기임
대주택으로 등록하더라도 계속해서 받을 수 있다.

⌂ 2018. 9. 14. 이후 취득한 조정대상지역 소재 주택은
일부 세제 혜택 축소

2018년 9·13 대책 발표로 1세대가 1주택 이상 보유한 상태에서
2018년 9월 14일 이후에 조정대상지역에서 신규로 취득한 주택은
임대주택으로 등록해도 양도소득세 중과배제 및 종합부동산세 합
산배제 혜택을 받을 수 없게 됐다. 단, 2018년 9월 13일 이전에 취
득한 주택은 지역에 상관없이 2018년 9월 14일 이후에 장기임대
주택으로 등록해도 혜택을 받을 수 있다. 한편, 장기보유특별공제
최대 70% 또는 양도소득세 100% 감면은 가액 요건이 없었으나,
2018년 9월 14일 이후 취득하는 주택부터는 기준시가가 6억 원(수
도권 밖 3억 원) 이하여야 혜택을 받을 수 있다.

⌂ 2019. 2. 12. 이후 임대차계약분부터
임대료 증액 제한 규정 신설

기존의 임대료 5% 초과 증액 제한 규정은 민간임대주택법상 의무

사항으로, 이를 어기면 과태료를 낼 뿐 세제 혜택을 받는 데는 지장이 없었다. 하지만 2019년 2월 12일 이후 임대차계약을 갱신하거나 새로 체결하는 분부터는 임대료 증액 제한 규정을 준수해야 세제 혜택을 받을 수 있도록 변경됐다.

⌂ 2020. 7. 11. 이후 단기임대주택과 아파트 장기임대주택 등록 시 세제 혜택 미부여

2020년 7·10 대책으로 2020년 7월 11일 이후 단기임대주택을 장기임대주택으로 전환하거나 아파트를 장기임대주택으로 등록하는 경우 세제 혜택을 주지 않는다.

⌂ 2020. 8. 18. 이후 단기임대주택과 아파트 장기임대주택 폐지

임대주택법 개정으로 단기임대주택과 아파트 장기임대주택 제도가 폐지돼 더 이상 등록할 수 없게 됐고, 2020년 8월 18일 이후에 장기임대주택으로 등록하면 의무임대기간이 10년으로 연장됐다.

또한 폐지되는 유형은 의무임대기간 중 자진등록말소가 가능해졌고, 의무임대기간이 경과하면 자동으로 등록이 말소된다.

03 ··· 임대주택 취득 시 세제 혜택

취득세 감면

전용면적 $60\,m^2$ 이하의 공동주택 또는 오피스텔을 최초로 분양받아 잔금을 치른 후 60일 이내에 임대주택으로 등록하면, 2021년 12월 31일까지 취득세를 100% 감면받을 수 있다. 단, 취득세가 200만 원을 넘으면 감면액의 15%를 최저한세로 납부해야 한다.*

취득세 감면은 최초 분양받은 공동주택과 오피스텔을 대상으로 하나, 2020년 8월 18일부터 아파트는 임대주택 등록을 할 수 없으므로 감면받을 수 없다. 공동주택이 아닌 단독주택과 다가구주택은 감면 대상이 아니다.

당첨된 분양권을 매수하는 경우에도 최초 분양으로 보아 취득세 감면이 가능하지만, 조합원입주권을 매수한 경우에는 안 된다. 최초 분양이 아닌 기존주택을 구입하는 경우에도 감면되지 않는다.

* 만약 취득세가 300만 원이 나왔다면 그 15%인 45만 원을 납부하면 된다.

취득세 감면 혜택을 받기 위해서는 부동산 취득일로부터 60일 이내에 임대 등록을 해야 하는데, 직접 토지를 사 집을 짓는 건설임대주택은 토지를 취득한 지 60일 이내에 건축 계획을 첨부해서 지자체에 임대 등록을 해야 토지분 취득세를 감면받을 수 있다.

만약 건물이 다 지어질 때쯤 임대 등록을 하면 신축 건물에 대한 취득세는 환급이 되지만, 토지분 취득세는 60일이 경과해서 환급되지 않으므로 주의해야 한다. 또한 소유권이전등기가 난 이후에는 건설임대가 아닌 매입임대로 분류되므로 취득세 감면을 받을 수 없다.

만약 취득세를 감면받고 임대의무기간 내에 다른 용도로 사용하거나 매각, 증여 또는 임대 등록이 말소되는 경우에는 감면받은 취득세를 추징당한다.

반면, 양도 허가를 받아 임대주택을 양도하거나 자진·자동 등록 말소의 경우에는 취득세를 추징하지 않는다.

취득세 감면 요건

① 최초로 분양받은 공동주택 또는 오피스텔로서 전용면적 $60\,m^2$ 이하일 것(건설임대의 경우 공동주택을 건축하는 경우 포함)

② 취득일로부터 60일 이내에 지방자치단체에 임대주택으로 등록할 것

③ 취득가액이 6억 원(수도권 밖 3억 원) 이하일 것(2020년 8월 12일 이후 취득하는 주택부터 적용)

④ 임대료 5% 증액 제한을 준수할 것

⑤ 의무임대기간을 준수할 것

- 2020년 8월 17일 이전 등록 : 단기임대주택으로 등록하고 4년 이상 임대, 장기임대주택으로 등록하고 8년 이상 임대

- 2020년 8월 18일 이후 등록 : 장기임대주택으로 등록하고 10년 이상 임대

임대주택 보유 시 세제 혜택 ···

ⓦ 재산세 감면

일정 요건을 갖춘 공동주택 또는 오피스텔, 다가구주택을 임대주택으로 등록하면 2021년 12월 31일까지 재산세 감면을 받을 수 있다. 재산세 과세 기준일인 6월 1일 현재 2세대 이상을 임대주택으로 등록해야 감면받을 수 있고, 면적과 임대기간에 따라 감면율이 다르다.

100% 감면받는 경우 재산세가 50만 원을 넘으면 감면액의 15%를 최저한세로 납부해야 한다. 또한 2020년 8월 18일부터 아파트는 임대주택 등록을 할 수 없으므로 감면을 받을 수 없다.

2019년부터 다가구주택은 1호만 장기임대주택으로 등록해도 재산세가 100% 면제된다. 대신 건축물대장에 호별 면적이 기재돼 있어야 한다. 오래된 다가구주택은 호별로 구분이 안 돼 있는 경우가 많다. 이때는 건축물대장을 수정한 후 등록해야 재산세를 감면받을 수 있다.

만약 재산세를 감면받고 임대 등록이 말소되는 경우에는 감면 사유 소멸일부터 소급하여 5년 이내에 감면된 재산세를 추징한다.

반면 양도 허가를 받아 임대주택을 양도하거나, 자진 · 자동 등록 말소의 경우에는 재산세를 추징하지 않는다.

재산세 감면 요건

① 전용면적 85㎡ 이하의 공동주택 또는 오피스텔을 2세대 이상 임대할 것

② 공시가격이 아래 금액 이하일 것(2020. 8. 12. 이후 등록분부터 적용)

   - 공동주택 : 공시가격이 6억 원(수도권 밖 3억 원) 이하일 것

   - 오피스텔 : 시가표준액이 4억 원(수도권 밖 2억 원) 이하일 것

③ 임대료 5% 이내 증액제한을 준수할 것

④ 지방자치단체에 임대주택으로 등록할 것

⑤ 의무임대기간을 준수할 것

   - 2020년 8월 17일 이전 등록 : 단기임대주택으로 등록하고 4년 이상 임대, 장기임대주택으로 등록하고 8년 이상 임대

   - 2020년 8월 18일 이후 등록 : 장기임대주택으로 등록하고 10년 이상 임대

◪ 재산세 감면율

구 분	전용면적	단기임대주택	장기임대주택
공동주택 또는 오피스텔 (2세대 이상 임대 시 적용)	40㎡ 이하	50% 감면	100% 감면
	60㎡ 이하		75% 감면
	85㎡ 이하	25% 감면	50% 감면
다가구주택 (1호 임대도 적용)	모든 호수가 40㎡ 이하	–	100% 감면

ⓦ 종합부동산세 합산배제

일정 요건을 충족한 임대주택은 종합부동산세를 비과세한다. 이를 종합부동산세 합산배제라 한다. 과세 기준일(매년 6월 1일) 현재 주택을 임대하고 있고, 합산배제 신고기한(9월 30일)까지 지자체와 세무서에 임대사업자 등록을 하고 합산배제 신청을 하면 된다. 한 번 합산배제 신고를 하면 해당 물건은 다음 해부터 자동으로 합산배제된다.

임대주택의 종합부동산세 합산배제 요건

① 지방자치단체와 세무서에 임대주택으로 등록할 것

② 임대 개시일 당시 기준시가는 6억 원(수도권 밖 3억 원) 이하일 것

③ 임대료 5% 이내 증액 제한을 준수할 것(2019년 2월 12일 이후 갱신분부터 적용)

④ 의무임대기간을 준수할 것

- 2018년 3월 31일 이전 등록 : 단기임대주택 또는 장기임 대주택으로 등록하고 5년 이상 임대

- 2018년 4월 1일~2020년 8월 17일 등록 : 장기임대주택으로 등록하고 8년 이상 임대

- 2020년 8월 18일 이후 등록 : 장기임대주택으로 등록하고 10년 이상 임대

한편, 정부의 임대주택 혜택 축소에 따라 2018년 9월 14일 이후 1세대가 국내에 1주택 이상을 보유한 상태에서 새로 취득한 조정대상지역 주택은 임대주택으로 등록해도 종합부동산세 합산배제 혜택을 받을 수 없다.

단, 조정대상지역이라도 2018년 9월 13일 이전에 주택(분양권, 조합원입주권 포함)을 취득하거나 매매계약을 체결하고 계약금을 지급한 경우에는 종합부동산세 합산배제 혜택을 받을 수 있다.

임대주택으로 등록해도 종합부동산세 합산배제가 적용되지 않는 주택

① 1세대 1주택 이상을 보유한 상태에서 2018년 9월 14일 이후 취득한 조정대상지역 소재 주택

② 2020년 7월 11일 이후 단기임대주택을 장기임대주택으로 변경신고하거나 아파트를 장기임대주택으로 등록 신청한 주택

자진 · 자동 등록말소와 종합부동산세 합산배제 적용

단기임대주택과 아파트 장기임대주택은 2020년 8월 18일 이후 자진 · 자동 등록말소 제도가 도입됐다. 이에 따라 임대주택법상 의무임대기간 경과 전에 자진등록말소하거나, 의무임대기간 종료로 자동등록말소되더라도 종합부동산세법상 의무임대기간을 충족한 것으로 보아 그동안 비과세된 종합부동산세는 추징되지 않는다.

단, 자진 · 자동 등록말소 모두 의무임대기간 요건 이외에 임대료 증액 제한 등의 요건은 등록말소일까지 별도로 준수해야 한다.

⌂ 주택임대소득세 감면

국민주택 규모 이하이고, 기준시가 6억 원 이하인 주택을 임대주택으로 등록하면 소득세 감면 혜택을 받을 수 있다. 단기임대주택으로 등록하면 30% 세액 감면을 받을 수 있고, 장기임대주택으로 등록하면 75% 세액 감면을 받을 수 있다. 단, 감면액의 20%는 농어촌특별세로 내야 한다.

이 혜택은 2022년까지 한시적으로 적용된다. 또한 2021년부터는 혜택이 축소되어 임대주택을 2호 이상 임대하는 경우 단기임대주택은 20%, 장기임대주택은 50%로 감면율이 줄어들 예정이다.

⬇ 주택임대소득세 감면율

구분	2020년	2021년	
		1호 임대	2호 이상 임대
단기임대주택	30%	30%	20%
	75%	75%	50%

주택임대소득세 감면 요건

① 지방자치단체와 세무서에 임대주택으로 등록할 것

② 국민주택규모 이하의 주택일 것(다가구주택은 가구당 전용면적 기준)

③ 임대 개시일 당시 기준시가는 6억 원 이하일 것

④ 임대료 5% 이내 증액제한을 준수할 것

⑤ 의무임대기간을 준수할 것

- 2020년 8월 17일 이후 등록 : 단기임대주택으로 등록하고 4년 이상 임대, 장기임대주택으로 등록하고 8년 이상 임대

- 2020년 8월 18일 이후 등록 : 장기임대주택으로 등록하고 10년 이상 임대

자진 · 자동 등록말소와 임대주택 소득세 감면 적용

2020년 8월 18일 이후 폐지된 유형인 단기임대주택과 아파트 장기임대주택은 임대주택법상 의무임대기간 경과 전에 자진등록말소하거나, 의무임대기간 종료로 자동등록말소되더라도 의무임대기간을 충족한 것으로 보아 그동안 감면받은 소득세는 추징되지 않는다.

단, 자진·자동 등록말소 모두 의무임대기간 요건 이외에 임대료 증액 제한 등의 요건은 등록말소일까지 별도로 준수해야 한다.

ⓦ 건강보험료 감면

만약 다음 조건을 갖췄다면 의무임대기간 동안 인상된 건강보험료의 40%(단기임대주택) 또는 80%(장기임대주택)를 감면받을 수 있다.

① 2020년 12월 31일까지 지방자치단체와 세무서에 임대주택으로 등록할 것
② 주택임대수입 연 2,000만 원 이하일 것
③ 국민주택 규모 이하의 주택일 것(다가구주택은 가구당 전용면적 기준)
④ 임대 개시일 당시 기준시가는 6억 원 이하일 것
⑤ 임대료 5% 이내 증액 제한 요건을 준수할 것
⑥ 의무임대기간을 준수할 것
- 2020년 8월 17일 이후 등록 : 단기임대주택으로 등록하고 4년 이상 임대, 장기임대주택으로 등록하고 8년 이상 임대
- 2020년 8월 18일 이후 등록 : 장기임대주택으로 등록하고 10년 이상 임대

임대주택 양도 시 세제 혜택

⌂ 다주택 양도소득세 중과배제

다주택자가 조정대상지역에 소재한 집을 팔 때는 양도소득세가 중과된다. 하지만 일정 요건을 충족한 임대주택을 양도하는 경우에는 중과세되지 않는데, 이를 양도소득세 중과배제라 한다. 양도소득세가 중과배제되면 보유기간에 따른 장기보유특별공제도 받을 수 있다.

임대주택의 양도소득세 중과배제 요건

① 지방자치단체와 세무서에 임대주택으로 등록할 것

② 임대 개시일 당시 기준시가는 6억 원(수도권 밖 3억 원) 이하일 것

③ 임대료 5% 이내 증액제한을 준수할 것(2019년 2월 12일 이후 갱

신분부터 적용)

④ 의무임대기간을 준수할 것

- 2018년 3월 31일 이전 등록 : 단기임대주택 또는 장기임대
  주택으로 등록하고 5년 이상 임대

- 2018년 4월 1일~2020년 8월 17일 등록 : 장기임대주택으
  로 등록하고 8년 이상 임대

- 2020년 8월 18일 이후 등록 : 장기임대주택으로 등록하고
  10년 이상 임대

한편, 정부의 임대주택 혜택 축소에 따라 2018년 9월 14일 이후 1세대가 국내에 1주택 이상을 보유한 상태에서 새로 취득한 조정대상지역 주택은 임대주택으로 등록해도 양도소득세 중과배제 혜택을 받을 수 없다.

단, 조정대상지역이라도 2018년 9월 13일 이전에 주택(분양권, 조합원입주권 포함)을 취득하거나 매매계약을 체결하고 계약금을 지급한 경우에는 양도소득세 중과배제 혜택을 받을 수 있다.

임대주택으로 등록해도 양도소득세 중과배제가 적용되지 않는 주택

① 1세대 1주택 이상을 보유한 상태에서 2018년 9월 14일 이후
   취득한 조정대상지역 소재 주택

② 2020년 7월 11일 이후 단기임대주택을 장기임대주택으로 변
   경신고하거나 아파트를 장기임대주택으로 등록 신청한 주택

자진 · 자동 등록말소와 양도소득세 중과배제 적용

2020년 8월 18일 이후 폐지된 유형인 단기임대주택과 아파트 장기임대주택은 임대주택법상 의무임대기간의 1/2 이상을 임대하고 자진등록말소하며 자진등록말소일로부터 1년 이내에 임대주택을 양도하면 소득세법상 의무임대기간을 충족한 것으로 보아 양도소득세 중과배제 혜택을 받을 수 있다.

한편 자동등록말소된 임대주택은 기간 제한 없이 언제 양도하더라도 소득세법상 의무임대기간을 충족한 것으로 보아 양도소득세 중과배제 혜택을 적용받을 수 있다.

단, 자진 · 자동 등록말소 모두 의무임대기간 요건 이외에 임대료 증액 제한 등의 요건은 별도로 준수해야 함에 주의하자.

🏠 주택임대사업자의 거주주택 비과세 특례

임대주택과 2년 이상 거주한 집이 있을 때, 거주주택을 팔면 1세대 1주택으로 보고 양도소득세를 비과세 받을 수 있다. 양도차익이 큰 집을 팔아야 하는 다주택자가 활용하기 좋은 혜택이다. 가령 3주택자가 거주주택 외 2채를 임대주택으로 등록하면 이 2채는 주택 수에서 제외되어 거주주택을 비과세로 팔 수 있다.

🏠 장기보유특별공제 최대 70% 특례율 적용

국민주택 규모의 주택을 장기임대주택으로 등록하여 8년 이상 임대하고 양도하면 임대기간 중 발생한 소득에 대해 50%의 장기보유특별공제율을 적용해주고, 10년 이상 임대하고 양도하면 70%를 공제해준다.

원래는 등록 시점에 제한이 없었으나, 세법 개정으로 건설임대주택 외에는 2020년 12월 31일까지 등록한 경우에만 혜택을 받을 수 있다.

또한 장기보유특별공제 특례율 적용 요건에는 면적 요건만 있을 뿐 기준시가 요건은 없었다. 하지만 9·13 대책에 따라 2018년 9월 14일 이후 취득하는 주택부터 기준시가 요건이 추가됐다.

단, 2018년 9월 13일 이전에 주택(분양권, 조합원입주권 포함)을 취득하거나 매매계약을 체결하고 계약금을 지급한 경우에는 기준시가 요건을 적용받지 않는다.

장기보유특별공제 특례율 적용 요건

① 국민주택규모 이하일 것(다가구주택은 가구당 전용면적 기준)

② 2020. 12. 31.까지 지방자치단체와 세무서에 장기임대주택으로 등록할 것(건설임대주택은 2022. 12. 31.까지 등록)

③ 의무임대기간 8년 또는 10년 이상 임대할 것

④ 임대 개시일 당시 기준시가는 6억 원(수도권 밖 3억 원) 이하일

것(2018. 9. 14. 이후 취득하는 주택부터 적용)

⑤ 임대료 5% 이내 증액 제한을 준수할 것

단, 2020년 7월 11일 이후 단기임대주택을 장기임대주택으로 변경신고하거나 아파트를 장기임대주택으로 등록 신청한 주택은 적용 제외

자진·자동 등록말소와 장기보유특별공제 특례율 적용

자진말소의 경우는 장기보유특별공제 특례율을 적용받을 수 없다. 반면 자동말소되는 아파트 장기임대주택은 8년 동안 등록 및 임대한 것으로 보아 50%의 장기보유특별공제율을 적용받을 수 있다. 단, 의무임대기간 요건 이외에 임대료 증액 제한 등의 요건은 별도로 준수해야 한다.

ⓦ 양도소득세 100% 감면

임대주택 중에 2018년 12월 31일까지 주택을 취득(2018년 12월 31일까지 매매계약을 체결하고 계약금을 납부한 경우 포함)하고, 취득일로부터 3개월 이내에 임대주택으로 등록한 경우에는 임대기간 중 발생한 양도소득금액에 대해 양도소득세를 100% 감면해준다.

단, 감면된 양도소득세의 20%를 농어촌특별세로 납부해야 하며, 만약 양도소득세 100% 감면 혜택과 장기보유특별공제 50% 또는 70% 혜택에 모두 해당되는 경우에는 두 혜택 중에 하나만 선택하

여 적용받을 수 있다.

양도소득세 100% 감면 적용 요건

① 국민주택 규모 이하일 것(다가구주택은 가구당 전용면적 기준)

② 2018년 12월 31일까지 주택을 취득(2018년 12월 31일까지 매매
계약을 체결하고 계약금을 납부한 경우 포함)하고 취득일로부터 3개
월 이내에 지방자치단체와 세무서에 장기임대주택으로 등록
할 것

③ 의무임대기간 10년 이상 임대할 것

④ 임대 개시일 당시 기준시가는 6억 원(수도권 밖 3억 원) 이하일
것(2018년 9월 14일 이후 취득하는 주택부터 적용)

⑤ 임대료 5% 이내 증액 제한을 준수할 것
단, 2020년 7월 11일 이후 단기임대주택을 장기임대주택으
로 변경신고하거나 아파트를 장기임대주택으로 등록 신청한
주택은 적용 제외

06 최초 임대료와 임대료 5% 상한 규정

 월세도 전세도 한 번에 5%만

임대료는 1년에 5%까지만 올릴 수 있다. 이를 지키지 않으면 세제 혜택을 못 받을 뿐 아니라 과태료까지 내야 한다. 그렇다면 전세는 어떨까? 전세계약은 2년 단위로 하니 갱신할 때는 10%를 올릴 수 있지 않을까?

가능하다고 생각하는 분들이 있는데, 안 된다. 이때도 직전 임대료의 5%가 한도다.

그래서 최초 임대료를 잘 결정해야 한다. 처음엔 내 맘대로 정할 수 있지만 이후부터는 연 5% 안에서만 인상할 수 있기 때문이다. 세입자가 바뀌어도 마찬가지다. 다른 세입자가 들어왔으니 최초 임대료를 다시 정할 수 있을 것 같지만, 아니다.

그렇다면 등록 시점에 따른 최초 임대료 규정을 알아보자.

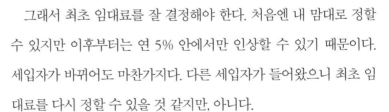

전세계약은 2년이니까 임대표를 10% 인상해도 되지 않을까? 아니다! 직전 임대료의 5%까지만 인상할 수 있다.

2019년 10월 23일 이전에 임대 등록한 경우

만약 2019년 10월 23일 이전에 임대 등록을 했고, 임대 등록 시에 이미 세입자가 있었다면 임대 등록 후 처음으로 갱신하거나 새로운 임차인과 계약할 때의 임대료를 최초 임대료로 본다.

그래서 한 번은 연 5% 증액 제한을 받지 않고 마음대로 임대료를 올릴 수 있다.

이렇게 한 번 갱신된 임대료가 최초 임대료가 되므로, 그다음부터는 연 5% 이내에서만 증액할 수 있다. 만약 임대 등록을 하고 나서 세를 주었다면 그때의 임대료가 최초 임대료가 된다.

2019년 10월 24일 이후에 임대 등록한 경우

민간임대주택에 관한 특별법이 개정돼 2019년 10월 24일 이후에 임대 등록하는 경우, 기존에 임대계약이 있으면 기존의 계약금액을 최초 임대료로 간주한다.

따라서 갱신 또는 신규 계약 시에도 기존 임대료에서 연 5% 이내에서만 증액할 수 있다.

한편, 임대료 등의 증액 청구는 임대차계약을 체결하거나 약정한 임대료 등을 증액한 후 1년 이내에는 하지 못한다. 따라서 임차인이 임대차계약 후 11개월 만에 나가더라도 다음 임차인에 대해 임대료를 증액할 수 없다. 아직 1년이 경과하지 않았기 때문이다.

전월세 전환 시, 임대료 상한금액 계산하는 법

전세를 월세로 바꾸거나 월세를 전세로 바꾸는 경우가 있다. 이때는 임대료나 보증금을 어떻게 계산해야 할까?

가령 A씨는 보증금 2,000만 원에 월 50만 원으로 세를 놓고 있다. 임대차계약 만기가 되어 보증금을 3,000만 원으로 인상하고 싶다. 그러면 월세를 최대 얼마까지 받을 수 있을까?

이를 계산하는 순서는 다음과 같다.

1단계 : 월세와 보증금을 환산보증금으로 환산하기

월세를 전월세 전환율로 나눈다. 전월세 전환율은 '연 10%'와 '기준금리 + 3.5%' 가운데 낮은 것을 적용한다. 만약 기준금리가 1.5%라면 3.5%를 더해서 전월세 전환율은 5%가 되는 식이다. 여기에 보증금을 더해 환산보증금을 구한다.

A씨는 50만 원씩 월세를 받으므로 연간 임대료는 600만 원이다.

이 600만 원을 전세로 환산하면 1억 2,000만 원이 된다.

- 월세 50만 원 × 12개월 ÷ 5%(전월세 전환율) = 1억 2,000만 원

여기에 원래 있던 보증금 2,000만 원을 더하면 총 환산보증금은 1억 4,000만 원이 된다.

2단계 : 임대료 5% 인상하기

임대계약을 갱신할 때는 종전 임대료에서 5%까지 올릴 수 있다. 따라서 환산보증금 1억 4,000만 원의 5%, 즉 1억 4,700만 원까지 올릴 수 있다.

- 1억 4,000만 원 × 1.05 = 1억 4,700만 원

3단계 : 환산보증금을 예상 보증금과 월세로 환산하기

인상된 환산보증금 1억 4,700만 원에서 받고자 하는 보증금 3,000만 원을 제외하고 나머지 1억 1,700만 원에 전월세 전환율 5%를 곱한다.

- (1억 4,700만 원 - 3,000만 원) × 0.05 = 585만 원

그러면 연간 임대료 585만 원이 나온다. 585만 원을 12개월로 나

누면 한 달에 받을 수 있는 월세는 48만 7,500원이 된다. 즉 보증금을 3,000만 원으로 올리면 월세는 최고 48만 7,500원까지 받을 수 있다.

임대기간 중에 한 번이라도 5% 인상 한도를 어기면 세제 혜택을 받을 수 없다. 그래서 계산법을 알고 있어야 한다. 특히 전월세 전환율은 기준금리에 따라 계속 바뀌기 때문에 주의해야 한다.

계산이 어렵다면 정부가 운영하는 임대 등록 사이트 렌트홈(www.renthome.go.kr)을 이용하면 된다. 임대료 인상률 계산은 물론 바뀌는 기준금리가 반영된 임대료 증액 한도를 손쉽게 계산할 수 있다. 이 부분을 꼭 확인하고 계약을 갱신하기 바란다.

임대주택 의무 위반 시 과태료 규정

임대주택 등록을 하면 다양한 세제 혜택이 주어지지만 그만큼 지켜야 할 의무사항도 많다. 의무사항을 지키지 않으면 혜택은 고사하고 과태료까지 물어야 한다.

무얼 위반했는지에 따라 과태료도 다르다

과태료는 어떤 위반행위를 했고 얼마나 많이 위반했느냐에 따라 다르다. 또한 과태료를 부과하는 자의 재량으로 2분의 1 범위에서 늘리거나 줄일 수 있다. 위반행위별 과태료는 다음 페이지의 표와 같다.

위반 횟수에 따른 과태료는 최근 1년간 같은 위반행위로 과태료를 부과받은 경우에 적용하고, 위반행위가 둘 이상인 경우에는 부과금액이 많은 쪽의 과태료를 부과한다.

⬇ 임대주택 의무 위반 시 과태료

위반행위	위반 시 과태료		
	1차 위반	2차 위반	3차 이상 위반
임대의무기간 중에 양도하거나, 임대하지 않은 경우	임대주택당 3,000만 원 (2019.10.24. 이후 3,000만 원으로 인상됨)		
임대 조건(5% 증액 한도) 등을 위반하여 임대한 경우			
1) 위반 건수가 10건 이상인 경우	2,000만 원	3,000만 원	3,000만 원
2) 위반 건수가 2건 이상 10건 미만인 경우	1,000만 원	2,000만 원	3,000만 원
3) 위반 건수가 1건인 경우	500만 원	1,000만 원	2,000만 원
임대차계약을 해제·해지하거나 재계약을 거절한 경우	500만 원	700만 원	1,000만 원
임대차계약 신고를 하지 않거나 거짓으로 신고한 경우	500만 원	700만 원	1,000만 원
표준임대차계약서를 사용하지 않은 경우	500만 원	700만 원	1,000만 원
임대사업자가 설명의무를 게을리 한 경우	500만 원	500만 원	500만 원
오피스텔을 주거용이 아닌 용도로 사용한 경우	500만 원	700만 원	1,000만 원
등록사항 말소신고를 하지 않은 경우	50만 원	70만 원	100만 원
양도신고를 하지 않고 임대사업자에게 임대주택을 양도한 경우	임대주택당 100만 원		

ⓦ 과태료를 내지 않아도 되는 경우

의무임대기간 중에 양도하거나 임대를 하지 않는 경우에는 1채당 3,000만 원의 과태료를 내야 한다(2019년 10월 23일 이전에 양도했다면 1,000만 원). 어마어마한 액수다.

그런데 임대주택을 처분해야 하는 피치 못할 사정이 있을 수 있다. 급하게 목돈이 필요할 수도 있고, 수익이 나지 않아 임대를 중단해야 할 수도 있다. 임대기간을 채우지 못해도 과태료가 부과되지 않는 경우는 다음과 같다.

다른 주택임대사업자에게 팔 때

다른 주택임대사업자(예비 주택임대사업자 포함)에게 팔면서 포괄양수도*계약을 하면 과태료를 물지 않아도 된다. 매도자는 민간임대주택 양도신고서를 작성하여 주소지 관할 시·군·구청에 제출해야 하고, 신고서 처리일부터 30일 이내에 매매계약서 사본을 제출해야 한다.

포괄양수도 매매계약서에 '주택임대사업자의 지위를 포괄승계한다'는 내용을 명시해야 하고, 매수자는 주소지 관할 시·군·구청에 주택임대사업자 등록을 해야 한다. 만약 매수자가 주택임대사업자 등록을 하지 않으면 매도자에게 과태료가 부과되므로 주의하자.

한편, 매도자는 포괄양수도를 하더라도 과태료만 내지 않을 뿐 그동안 받은 세제 혜택은 모두 추징당하게 된다. 양수인은 양도인의 임대기간을 인정받아 나머지 기간만 임대하면 과태료를 내지 않아도 된다. 그러나 세제 혜택을 받기 위해서는 취득일부터 계산하여 의무임대기간을 다시 채워야 한다. 예를 들어, 4년의 임대기간을 채운 장기임대주택을 포괄양수도로 산 경우 4년만 추가로 임대하면 과태료 없이 팔 수 있다. 하지만 세제 혜택을 받으려면 취득 후 8년 이상을 임대해야 한다.

* 포괄양수도란? 사업의 동일성이 유지되면서 경영 주체만 바뀌는 것으로 사업용 자산, 시설, 권리, 의무 등을 포괄적으로 승계해 양도하는 것을 말한다.

재개발 · 재건축으로 임대를 중단할 때

관계 법령에 따라 재개발 · 재건축으로 민간임대주택이 철거되거나 철거가 예정되어 있어 민간임대사업을 계속하기 곤란한 경우에는 과태료 없이 임대 등록을 말소할 수 있다.

부도 · 파산으로 임대를 중단할 때

임대주택 1채에 손실이 난다고 임대를 중단하면 과태료가 부과되지만, 임대사업 전체의 손실이 커서 임대를 할 수 없는 다음과 같은 상황에는 과태료가 부과되지 않는다.

- 2년 연속 적자일 때
- 2년 연속 마이너스 영업현금흐름이 발생했을 때
- 최근 12개월간 임대되지 않은 주택이 20% 이상이고, 같은 기간 특정주택이 계속해서 임대되지 않을 때

임대주택이 상속될 때

임대사업자의 상속인이 임대사업자 승계를 거부하거나 결격사유 또는 등록제한 규정으로 인해 미등록한 경우에는 과태료가 부과되지 않는다.

 | 절세 마스터 |

주의! 등록 취소는 3개월 내에

만약 주택임대사업자 등록을 취소하고 싶다면, 임대사업자 등록일로부터 3개월 이내에는 말소가 가능하다. 단, 임대주택으로 등록한 이후 체결한 임대차계약이 있는 경우에는 그 임차인의 동의가 있어야 한다.

CHAPTER 7

가족을 위한 세금,
증여세와 상속세

01 ··· 생전에 받으면 증여세

증여세와 상속세의 차이

최근 몇 년간 집값이 급등하면서 증여를 선택하는 사람들이 늘고 있다. 다주택자 양도소득세 중과 때문에 팔면 엄청난 양도소득세를 내야 하고, 팔지 않고 그대로 있자니 종합부동산세가 걱정되기 때문이다.

증여를 잘 활용하면 양도소득세와 종합부동산세를 절세할 수 있고, 향후에 상속세도 절세할 수 있다.

재산을 무상으로 준다는 면에서 상속과 증여는 비슷한 면이 있다. 하지만 증여는 생전에 자발적으로 하는 것이고, 상속은 사망을 통해 발생한다는 차이가 있다. 상속세와 증여세는 세율은 같지만 계산 방법과 공제액에서 차이가 있기 때문에 정확히 구별해야 한다.

증여세는 상속세와 달리 증여받는 사람을 기준으로 부과한다. 가령 남편이 30억 원을 배우자, 아들, 딸에게 각각 10억 원씩 증여한다면 배우자, 아들, 딸이 각자 10억 원에 세율을 곱해 나온 금액을 납부한다.

반면 상속세는 전체 상속재산 30억 원에 세율을 곱한다. 납부도 함께 해야 한다.

⌂ 10억 원 아파트를 증여받으면 세금은 얼마?

남편이 전세나 대출이 없는 시세 10억 원(공시가격 6억 원)짜리 아파트를 부인에게 처음 증여했다. 이 아파트를 받은 부인은 세금을 얼마나 내야 할까?

1단계 : 증여재산가 산정

아파트는 유사매매사례가를 쉽게 확인할 수 있어서 공시가격으로 신고할 수 없다. 그래서 시세 10억 원이 증여재산가가 된다.

2단계 : 10년 이내에 동일인에게 증여받은 재산 합산

10년 이내에 남편에게 증여받은 재산이 없으므로 이 단계는 건너뛴다.

3단계 : 채무부담액공제

아파트를 사면서 받은 대출이 남아 있거나 세입자에게 전세보증금을 돌려줘야 한다면 이 금액을 뺀다. 이 아파트는 해당사항이 없으니 채무부담액은 0원이다.

4단계 : 증여재산공제를 빼서 과세표준 구하기

배우자는 증여받은 재산에서 6억 원까지 공제해준다. 따라서 과세표준은 4억 원(10억 - 6억)이다. 즉 10억 원 중 4억 원에 대해서만 증여세가 부과된다. 참고로 증여재산공제는 10년에 한 번만 가능하다. 증여재산공제는 배우자 6억 원, 성인 자녀 5,000만 원, 미성년 자녀 2,000만 원, 사위나 며느리 같은 기타 친족은 1,000만 원까지 된다. 증여재산공제는 해당 그룹별로 10년간 한 번만 받을 수 있다. 따라서 성인 자녀가 부모에게 증여받아 증여재산공제를 5,000만 원 받았다면, 10년 안에 다른 직계존속인 조부모에게 증여받을 때 증여재산공제를 받을 수 없다.

5단계 : 증여세 구하기

과세표준 4억 원에 대한 증여세율은 20%, 누진공제액은 1,000만 원이다. 따라서 증여세는 7,000만 원이 된다.

- 4억 원(과세표준) × 20%(세율) - 1,000만 원(누진공제액) = 7,000만 원

6단계 : 자진신고로 3% 공제

신고기간 내에 자진신고하면 증여세의 3%를 깎아준다. 따라서 210
만 원이 절약된다.

- 7,000만 원(증여세) × 3%(신고세액공제) = 210만 원

만약 증여 대상이 부동산이라면, 공시가격의 4%에 해당하는 증여
취득세도 내야 한다. 이렇게 증여세와 증여취득세를 합하면 최종납
부세액을 구할 수 있다.

⬇ 증여세 계산 구조

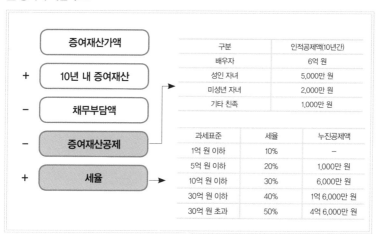

구분	인적공제액(10년간)
배우자	6억 원
성인 자녀	5,000만 원
미성년 자녀	2,000만 원
기타 친족	1,000만 원

과세표준	세율	누진공제액
1억 원 이하	10%	–
5억 원 이하	20%	1,000만 원
10억 원 이하	30%	6,000만 원
30억 원 이하	40%	1억 6,000만 원
30억 원 초과	50%	4억 6,000만 원

02 ··· 사망 후 받으면 상속세

상속세는 증여세와 다르게 사망자 기준으로 부과된다. 만약 30억 원을 배우자와 아들, 딸에게 10억 원씩 상속했다면 10억 원이 아니라 30억 원에 세율을 곱해서 나온 상속세를 배우자, 아들, 딸이 연대납세의무를 지고 납세한다.

상속 개시일은 사망 시점이다. 상속이 개시되면 상속인들은 협의분할을 한다. 원만하게 협의가 안 된다면 법에 정한 대로 배우자는 1.5, 자녀는 1의 비율로 받는다.

법정 상속 순위는 다음과 같다.
① 배우자(직계비속이나 직계존속이 있을 경우 이들과 공동 순위)
② 직계비속
③ 직계존속
④ 형제자매
⑤ 4촌 이내의 방계혈족

⌂ 상속세는 증여세보다 공제가 많다

상속세 계산 구조는 증여세 계산 구조와 거의 같지만, 공제가 더 크다. 상속재산공제에는 다음과 같은 것들이 있다.

일괄공제

상속재산에서 5억 원을 일괄공제로 빼준다. 만약 자녀가 없고 배우자만 있는 경우에는 일괄공제 대신 기본공제 2억 원을 공제한다.

배우자공제

배우자는 최소 5억 원에서 최대 30억 원까지 공제받는다. 일괄공제까지 받으면 상속세가 상당히 줄어든다.

따라서 상속재산이 10억 원 미만이라면 배우자는 상속세를 내지 않아도 된다. 얼핏 좋아 보이지만, 어차피 나중에 자녀에게 다시 증여나 상속을 해야 하고, 그때는 자녀가 세금을 내야 한다.

참고로, 사망 시점의 가족 상황에 따른 상속공제액을 정리하면 다음과 같다.

- 배우자와 자녀가 있는 경우 : 최소 10억 원(일괄공제 5억 원 + 배우자공제 5억 원)
- 자녀가 없고 배우자만 있는 경우 : 최소 7억 원(기본공제 2억 원 + 배우자공제 5억 원)
- 배우자가 없는 경우 : 최소 5억 원(일괄공제)

금융재산상속공제

부동산은 기준시가를 적용해서 평가액이 시세보다 낮을 수도 있다. 하지만 현금이나 예금 같은 금융재산은 액면 그대로 평가되기 때문

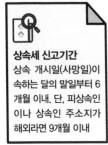

◪ 상속세 계산 구조

구분	상속재산공제
일괄공제	5억 원
배우자공제	최소 5억 원~최대 30억 원
금융재산상속공제	금융재산×20%(최대 2억 원)

과세표준	세율	누진공제액
1억 원 이하	10%	–
5억 원 이하	20%	1,000만 원
10억 원 이하	30%	6,000만 원
30억 원 이하	40%	1억 6,000만 원
30억 원 초과	50%	4억 6,000만 원

에 부동산에 비해 불리한 부분이 있다.

그래서 상속재산 중에 예금, 적금, 금전신탁, 보험금, 주식, 출자금 같은 금융재산이 포함돼 있다면 2,000만 원 이하는 전액을, 2,000만 원 초과~1억 원 이하는 2,000만 원을, 1억 원을 초과하면 금융재산의 20%를 2억 원 한도 내에서 공제해준다.

예를 들어 금융재산으로 10억 원을 상속받는다면 20%를 공제한 8억 원에 대해 상속세를 계산한다.

⌂ 부동산을 상속받았을 때

부동산을 상속받았다면 상속세는 다음과 같이 계산한다.

- 1단계 : 상속재산가를 산정한다.
- 2단계 : 상속 개시일 전 10년 이내에 사전증여한 재산을 모두 합산한다.
- 3단계 : 부채나 전세보증금 같은 채무부담액을 공제한다.
- 4단계 : 상속재산공제를 빼서 과세표준을 구한다.
- 5단계 : 과세표준에 세율을 곱하고 누진공제액을 뺀다.

상속세도 증여세와 마찬가지로 신고기간 내에 자진신고하면 상속세의 3%를 공제받는다. 반면 상속취득세는 증여취득세보다 낮다. 즉 부동산 공시가격의 4%가 아니라 3.16%를 취득세로 낸다.

상속·증여 재산가는 어떻게 정할까?

03 ...

자녀에게 시가 5억 원인 아파트를 3억 원에 증여하고 싶은데 가능할까? 매매 거래에서는 파는 사람과 사는 사람이 흥정을 통해 자유롭게 가격을 정할 수 있다. 하지만 부동산을 증여하거나 상속할 때는 돈이 오가지 않는다. 일종의 무상 거래다. 그래서 가격을 정하는 기준을 따로 마련해놓지 않으면 낮은 금액으로 신고해서 세금을 아끼려고 할 것이다.

따라서 세법에서는 상속 · 증여 시의 재산가액 평가 방법을 규정하고 있다.

⌂ 재산가액 평가 순서

1순위

증여일 전 6개월~증여일 후 3개월 기간 중에 발생한 매매가, 감정가, 경매가, 공매가, 수용가, 유사매매사례가를 기준으로 평가한다.

감정가는 둘 이상의 감정평가기관이 평가한 감정가액의 평균액으로 하되, 기준시가 10억 원 이하의 부동산은 하나의 감정기관 감정평가액도 인정한다.

유사매매사례가란 면적 · 위치 · 용도 · 종목 · 기준시가가 동일하거나 유사한 다른 재산의 매매가액을 말한다. 아파트라면 면적과 기준시가의 차이가 5% 이내인 같은 단지 다른 호수의 매매다.

2순위

1순위에 해당하는 금액이 없다면 기준시가를 적용한다. 토지라면 공시지가, 다가구주택이나 단독주택이라면 개별단독주택공시가격을 말한다.

증여의 경우 재산가액의 평가기간은 증여 시점을 기준으로 이전 6개월, 이후 3개월이고, 상속은 상속 시점을 기준으로 이전 6개월, 이후 6개월이다.

그런데 2019년 2월에 개정된 '평가기간의 연장' 규정에 따르면, 상속일 · 증여일 이전 2년 이내 또는 상속세 · 증여세 결정기한 내에 매매 · 감정 · 수용 · 경매 · 공매가 있는 경우 평가심의위원회를 거쳐 그 금액을 시가로 볼 수 있다.

상속세 결정기한은 상속일 이후 15개월, 증여세 결정기한은 증여일 이후 9개월이므로 해당 기간 안에 매매하거나 감정평가를 받게 되면 그 금액으로 상속세 · 증여세를 과세할 수 있다. 기존에는

▣ 상속 · 증여 시 재산가액 평가기간

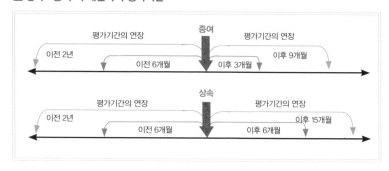

증여 후 3개월, 상속 후 6개월이 지나면 감정평가를 받아도 과세할 수 없었지만, 이제는 국세청에서 자체적으로 감정평가를 실시해서 과세할 수 있게 된 것이다.

이에 따라 국세청은 2020년부터 '꼬마빌딩' 등 고가의 비주거용 부동산의 상속세 · 증여세를 계산할 때 감정평가를 적극 활용하고 있다. 따라서 앞으로는 상속세 · 증여세를 기준시가로 신고하기가 점점 어려워질 것으로 보인다.

⌂ 감정평가액으로 신고하는 게 유리한 경우

배우자는 최대 30억 원까지 공제받기 때문에 웬만하면 상속세가 없다. 그래서 신고하지 않는 경우가 많은데, S씨도 마찬가지였다.

S씨는 남편이 사망하면서 지방에 있는 시세 8억 원짜리 집을 상속받았다. 그리고 5년 후 이 집을 10억 원에 팔았다. S씨에게는 어떤 일이 벌어질까?

S씨의 양도차익은 2억 원이라고 생각하기 쉽다. 8억 원짜리 집을 10억 원에 팔았기 때문이다. 하지만 상속세 신고를 하지 않으면 시세보다 훨씬 낮은 공시가격으로 상속취득가가 산정된다.

이럴 때는 감정평가를 받아서 8억 원으로 상속세 신고를 하는 것이 유리하다. 상속세가 없다고 신고를 안 하면 나중에 생각지도 못한 액수의 양도소득세를 내게 될 수 있다.

부동산 세금 중 가장 액수가 큰 것이 양도소득세다. 따라서 증여세나 상속세를 줄이는 게 아니라 양도소득세를 줄이는 데 초점을 맞춰야 한다. 훗날 팔 때 양도차익을 줄이기 위해서는 증여나 상속을 받은 재산의 가격이 높을수록 유리하다.

상속세 부담이 없거나 크지 않다면 상속재산 가액을 최대한 높게 신고해두는 게 유리하다. 나중에 팔 때 양도소득세가 줄어들기 때문이다.

🏠 기준시가로 신고하는 게 유리한 경우

시세 30억 원, 공시가격 15억 원인 다가구주택을 증여받았다고 하자. 다가구주택은 보통 공시가격으로 재산가가 평가된다. 이 다가구주택을 나중에 30억 원에 판다면, 양도차익은 15억 원(30억 - 15억)이나 되지만, 만약 1세대 1주택이라면 비과세 혜택을 받을 수 있다.

이처럼 양도차익이 크고 비과세되는 물건은 공시가격으로 증여받는 게 유리하다. 증여세와 양도소득세 모두를 아낄 수 있기 때문이다.

그런데 상가라면 이야기가 다르다. 주택과 다르게 비과세가 안

되기 때문에 어마어마한 양도소득세가 나올 수 있다. 이때는 증여세와 향후 양도소득세를 고려해서 감정평가 여부를 결정해야 한다.

상속세·증여세 필수 상식 ···

⌂ 증여세 합산 규정 바로 알기

앞서 10년 이내에 동일인에게 증여받은 재산은 합산해서 과세한다고 배웠다. 여기서 동일인이란, 직계존속의 경우 배우자도 포함된다. 그러니까 증여세 합산과세에서 아버지와 어머니는 동일인이다. 가령 내가 아버지에게 1억 원을 증여받고 어머니에게도 1억원을 증여받았다면 이 둘을 합산한다. 즉 2억 원에 대한 증여세가 과세된다.

하지만 할아버지에게 1억 원, 아버지에게 1억 원을 받았다면 합산하지 않는다. 할아버지와 아버지는 모두 직계존속이지만 동일인이 아니기 때문이다.

그렇다면 장인어른과 장모님께 각각 1억 원씩 받았다면 어떻게될까? 직계존속이 아니므로 장인 장모는 동일인으로 간주되지 않는다. 따라서 합산하지 않고 따로 계산한다.

'합산'과 '따로 계산'은 증여에서 매우 중요하다. 합산하면 증여 재산이 커지므로 세율이 높아지기 때문이다.

ⓦ 상속세 합산 규정 바로 알기

상속세 역시 합산 규정이 있다. 사망한 날로부터 10년 이내의 사전 증여분을 상속재산과 합산한다. 이때 상속인이 아닌 손자녀는 5년 이내에 받은 재산만 합산한다.

그래서 나이가 많은 분들은 자녀 대신 손자녀에게 증여하는 경우가 많다. 자녀에게 증여했다가 10년을 더 살지 못하면 10년 이내에 증여한 재산이 모두 합산돼 과세되지만, 손자녀에게 증여하면 5년만 지나면 합산에서 제외되기 때문이다.

또한 증여받은 재산의 가격이 올랐어도 증여 당시 가격으로 합산한다. P씨는 2020년에 사망한 아버지로부터 20억 원짜리 집을 상속받았다. 2012년에는 10억 원짜리 집을 받으면서 2억 4,000만 원의 증여세를 냈다.

따라서 20억 원과 10억 원을 합산해 상속세를 내면 된다. 대신 이미 낸 증여세 2억 4,000만 원은 공제된다. 만약 2012년에 받은 집이 15억 원으로 올랐어도 증여받은 당시 가격으로 합산한다. 그러니 상속세·증여세를 아끼려면 앞으로 가치가 오를 물건을 먼저 증여하는 것이 유리하다.

⌂ 세대를 건너뛴 상속·증여는 할증과세된다

자녀가 아닌 손자·손녀에게 상속·증여를 하면 할증과세가 된다. 원래대로라면 부모가 자녀에게 상속·증여하면서 세금을 내고, 자녀가 손자녀에게 상속·증여하면서 또 한 번 세금을 내야 한다. 하지만 세대를 건너뛰어 손자녀 또는 그 아래 세대로 바로 상속·증여가 이루어지면 한 번밖에 과세되지 않는다. 따라서 이러한 세대생략 상속·증여에 대해서는 상속세·증여세 산출세액에 30%를 가산한다. 만약 미성년자가 20억 원을 초과해서 상속·증여받는 경우에는 40% 할증이 적용된다.

단, 자녀가 사망해서 어쩔 수 없이 손자녀에게 상속·증여하는 경우는 할증과세를 적용하지 않는다.

 | 절세 마스터 | **증여와 상속, 어느 쪽이 유리할까?**

일반적으로 재산이 10억 원 이하라면 상속이 유리하다. 배우자와 자녀가 있는 경우 최소 10억 원의 상속공제를 받을 수 있기 때문에 10억 원까지는 상속세가 없다.

하지만 재산이 10억 원이 넘는다면 상속이 발생하기 10년 전에 미리 재산의 일부를 증여하는 것이 유리하다.

가령 16억 원의 재산을 가진 김부자 씨가 사망하면, 상속공제 10억 원을 제외한 6억 원에 대해 약 1억 2,000만 원의 상속세를 내야 한다.

그런데 배우자에게 증여재산공제 한도인 6억 원을 사전에 증여하고 10년이 지난 뒤 사망하면 세금을 내지 않아도 된다. 증여를 하고 난 나머지 10억 원은 상속공제가 되기 때문이다.

물론 이는 재산이 증가하지 않았다는 가정에서의 계산이다. 실제로는 사전에 증여해놓지 않으면 10년, 20년 후에는 재산 가치가 증가해서 증여세보다 훨씬 많은 상속세를 내야 한다. 따라서 가치가 증가하는 재산은 미리미리 증여하는 것이 절세의 지름길이다.

한편, 상속인이 아닌 손주나 사위, 며느리에게 사전증여하면 10년이 아니라 5년만 지나도 상속세에 합산하지 않는다.

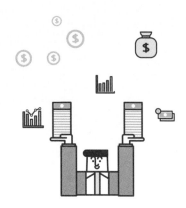

증여를 활용한 절세 전략 ··· 05

최근 증여가 폭발적으로 증가하고 있다. 2020년 주택 증여 건수는 15만 2,000호로 1년 전보다 37.5%나 급증했다. 집값이 계속 오르고 양도소득세와 보유세 부담이 커지면서 생긴 일이다. 특히 강남 부자들은 증여를 적극적으로 활용한다. 양소도득세, 종합부동산세, 소득세는 물론 상속세까지 줄일 수 있기 때문이다.

🏠 배우자에게 증여하기

배우자 증여로 어떤 세금을 얼마나 줄일 수 있는지 사례를 통해 알아보자.

2주택자인 U씨는 시가 20억 원 상당의 강남 A아파트에 거주 중이다. 3년 전 투자용으로 3억 원에 구입한 안양의 B아파트는 가격이 올라 6억 원이 됐다.

CHAPTER 8

□ U씨의 주택 보유 현황

구분	서울 A아파트	안양 B아파트
시가	20억 원	6억 원
공시가격	14억 원	4억 원

양도소득세 절세

U씨는 B아파트를 팔기 위해 세무사를 만나 세금을 계산해보았다. 2주택자로 20% 중과세되고 장기보유특별공제도 받지 못해 1억 6,850만 원의 양도소득세를 내야 한다. 그래서 배우자에게 증여하면 증여세가 얼마나 나오는지 계산해봤다. 시가 6억 원에서 배우자공제 6억 원을 빼면 증여세는 나오지 않는다. 물론 공시가격의 12.4%에 해당하는 증여취득세(취득세 12%, 교육세 0.4%)는 납부해야 한다.

공시가격이 4억 원이므로 12.4%인 4,960만 원이 취득세다. 양도소득세를 낼 때보다 1억 2,000만 원 가까운 세금을 절약할 수 있다.

만약 이 아파트를 증여하고 5년 뒤 6억 원에 팔면 양도소득세가 없다. 6억 원짜리 아파트를 증여받아 6억 원에 팔았으므로 양도차익이 없기 때문이다.

단, 배우자 등에게 증여받은 부동산을 5년 이내에 팔면 이월과세 규정이 적용돼 절세 효과가 없다. 이월과세란 배우자 등으로부터 증여받은 부동산을 5년 내에 양도할 때는 취득금액을 증여재산가액이 아닌 증여자의 취득 당시 금액으로 계산하는 것이다.

따라서 증여일로부터 5년 이내에 아파트를 팔면 취득가액을 증

증여세·상속세를 자진신고하면 세무서는 이를 바탕으로 검토하고 세액을 확정한다. 3%를 공제해주는 이유는 자진신고로 행정에 드는 노력과 비용을 줄일 수 있기 때문이다.

여재산가액 6억 원이 아닌 U씨의 당초 취득가액인 3억 원으로 계산해서 양도소득세를 납부해야 한다.

종합부동산세 절세

U씨가 보유 중인 주택 2채의 2021년 공시가격 합계는 18억 원이다. 조정대상지역 2주택자는 종합부동산세율이 중과되므로 2021년 예상되는 종합부동산세는 2,153만 원이다. 향후 매년 10%씩 공시가격이 인상된다고 가정하면 5년간 총 1억 9,403만 원의 종합부동산세를 내야 한다.

그런데 배우자에게 B주택을 증여하면 종합부동산세를 줄일 수 있다. 부부라도 종합부동산세는 인별로 과세하므로 남편과 부인의 세금이 따로 계산된다. 공제액도 6억 원씩 각자 적용받을 수 있고, 종합부동산세율도 1주택으로 일반세율이 적용된다.

따라서 증여 후 부부가 내야 할 종합부동산세는 2021년 기준

⬇ 배우자 증여 전후 종합부동산세 비교

구분	단독명의 2채 보유 시	배우자 증여 후	절세액
2021년	2,153만 원	516만 원	1,637만 원
2022년	3,028만 원	723만 원	2,05만 원
2023년	3,831만 원	900만 원	2,931만 원
2024년	4,712만 원	1,126만 원	3,586만 원
2025년	5,679만 원	1,430만 원	4,249만 원
합계	1억 9403만 원	4,695만 원	1억 4,708만 원

516만 원에 불과하다. 5년 후 배우자가 팔 때까지 약 1억 4,708만 원을 절약할 수 있는 것이다.

종합소득세 절세

U씨가 만약 월세를 받고 있다면 임대소득세도 내야 한다. 부부 합산 2주택자이므로 월세에 대해서 과세하기 때문이다.

만약 U씨에게 다른 소득이 많다면 주택임대소득과 다른 소득이 합산돼 종합소득세가 많아질 수 있다. 하지만 소득이 상대적으로 적은 배우자에게 증여하면 낮은 종합소득세율을 적용받아 종합소득세도 줄일 수 있다.

상속세 절세

상속세는 사망자의 재산에 대해 누진세율로 세금을 매긴다. 따라서 부부 중 1명이 재산을 많이 갖고 있으면 상속세 부담이 커진다. 이렇게 미리 증여를 해놓으면 나중에 부부 중 1명이 사망했을 때 상속세도 분할돼 줄일 수 있다.

이처럼 양도소득세, 보유세, 소득세, 상속세까지 절약할 수 있기 때문에 자산가들을 중심으로 최근 증여가 폭발적으로 증가하고 있다.

 자녀에게 증여하기

이번에는 세대 분리된 성인 자녀에게 증여하는 경우를 알아보자. 배우자 증여와 다른 점은 6억 원이 아니라 5,000만 원까지만 공제된다는 점이다. 그래서 과세표준은 5억 5,000만 원이다(6억 - 5,000만).

10억 원 이하는 세율이 30%이므로 계산하면 총납부세액이 1억 185만 원이다. 여기에 증여취득세 4,960만 원을 더하면 1억 5,145만 원이다. 양도소득세 1억 6,850만 원보다는 적지만 만만치 않다.

하지만 이 집을 팔아서 1억 6,850만 원의 양도소득세를 내고 남은 4억 3,150만 원을 자녀에게 증여하면 6,431만 원의 증여세가 또 나온다. 언젠가 내야 될 증여세라면 지금 증여해서 세금을 줄이는 것이 이득이다. 증여를 통해 얻는 부수적 효과가 크기 때문이다.

세대 분리된 자녀에게 증여할 때는 다음과 같은 절세 효과가 있다.

증여는 나중에 집값이 오르면 절세 효과가 극대화된다.

- 양도소득세 절세
  세대 분리된 자녀에게 증여한 뒤에는 1세대 1주택자가 되어 양도소득세 비과세 혜택을 받을 수 있다. 단, 증여로 인해 최종 1주택만 남은 날부터 비과세 보유기간이 기산되므로 주의해야 한다.
- 종합부동산세 절세
  증여 후에는 1세대 1주택자가 되어 종합부동산세가 줄어든다.

1세대 1주택 단독명의일 경우 6억 원이 아닌 9억 원을 공제 받고, 세율도 일반세율을 적용받는다. 또한 연령과 주택 보유 기간에 따라 최대 80%의 세액공제도 받을 수 있다.

- 자녀가 소득이 많지 않다면 자녀의 소득세도 줄어든다.
- 나중에 자녀가 이 집을 팔 때 1세대 1주택 비과세로 양도소득 세를 줄일 수 있다.

특히 집값이 오르면 절세 효과가 극대화된다. B아파트가 지금은 6억 원이지만 나중에 10억 원이 될 수도 있다. 이 물건을 내가 갖고 있다가 10억 원이 됐을 때 팔면 양도차익은 무려 7억 원이다. 양도 소득세는 물론 증여세, 상속세는 곱절이 되고 집값이 오르는 동안 해마다 종합부동산세 부담도 가중됐을 것이다.

그런데 지금 증여하면 나중에 10억 원이 되더라도 자녀가 별도 세대를 구성하면서 1세대 1주택 비과세로 팔 수 있다. 이처럼 증여 로 얻을 수 있는 이익을 알고 나면 다주택자들이 왜 가족에게 증여 하는지 이해할 수 있다. 절세는 미리 준비해야 가능하다.

1세대 1주택이라면 부담부증여로 절세를

10년 전 2억 원에 산 아파트가 5억 원으로 올랐다. 현재 이 아파트는 3억 원에 전세를 놓고 있다. 이 집을 자녀에게 부담부증여한다면 자녀는 증여세를 얼마나 내야 할까?

- 일반적인 증여 시 증여세 : 8,000만 원
  5억 원(증여재산가) − 5,000만 원(자녀공제) × 20%(증여세율) − 1,000만 원(누진공제액) = 8,000만 원(증여세)

- 부담부증여 시 증여세 : 2,000만 원
  5억 원(증여재산가) − 3억 원(채무) − 5,000만 원(자녀공제) × 20%(증여세율) − 1,000만 원(누진공제액) = 2,000만 원(증여세)

부담부증여를 하면 자녀는 2,000만 원의 증여세만 내면 된다. 6,000만 원이 절세되는 것이다. 하지만 부담부증여 시 부모는 양도소득세를 내야 한다. 단, 전체 양도차익 중 승계한 채무액에 대해서만 과세된다. 이때 양도가와 취득가는 다음과 같이 계산한다.

- 부담부증여분 양도가
  5억 원(증여재산가) × (채무 3억 원 / 증여재산가 5억 원) = 3억 원(양도가)

CHAPTER 8

- 부담부증여분 취득가

  2억 원(실제 취득가) × (채무 3억 원 / 증여재산가 5억 원) = 1억 2,000만 원(취득가)

따라서 양도차익은 1억 8,000만 원(3억 원 − 1억 2,000만 원)이며, 이에 대한 양도소득세를 내야 한다. 증여자인 부모가 내야 할 양도소득세는 상황별로 다음의 표와 같다.

(단위 : 원)

구분		일반과세	2주택자 20% 중과세	3주택자 30% 중과세
	양도차익	1억 8,000만	1억 8,000만	1억 8,000만
−	장기보유특별공제	3,600만	−	−
=	양도소득금액	1억 4,400만	1억 8,000만	1억 8,000만
−	양도소득 기본공제	250만	250만	250만
=	과세표준	1억 4,150만	1억 7,750만	1억 7,750만
×	세율	35%	58%	68%
=	양도소득세 산출세액	3,462만 5,000	8,355만	1억 130만
+	지방소득세	346만 2,500	835만 5,000	1,013만
=	총납부세액	3,808만 7,500	9,190만 5,000	1,114만 30,000

결론은, 증여자인 부모가 다주택자라면 양도소득세가 중과돼 오히려 세 부담이 커진다. 하지만 1세대 1주택자라면 양도소득세가 비과세되므로 부담부증여를 통한 절세 효과가 크다.

이처럼 각자의 상황에 따라 부담부증여는 절세가 되기도 하고 세 부담이 커지기도 한다.

가족 간 부동산 거래 시 주의할 점

ⓦ 특수관계자 간 거래 규제사항

가족 간에도 부동산 매매가 가능할까? 결론은, 가능하다. 그러나 조심하지 않으면 세금 폭탄을 맞을 수 있다. 세법에서는 가족 등 특수관계자 간의 부동산 거래에 대해 여러 가지 규제를 하고 있다.

가족 간 부동산 거래 시에 주의할 점은 다음과 같다.

증여 추정에 대비할 것

세법상 배우자 또는 직계존비속과 매매 거래를 하는 경우에는 증여로 추정한다. 즉 납세자가 매매 거래임을 입증하지 못하면 증여로 보겠다는 것이다.

따라서 가족 간의 부동산 매매 시에 증여세를 물지 않으려면, 증빙 자료들을 잘 구비해둬야 한다. 매매대금을 이체한 금융 거래 내역을 반드시 남기고, 매매계약서를 작성하고, 매수대금에 대한 소득증빙서류를 준비해야 한다.

그렇다면 아버지가 아들에게 시세 10억 원짜리 아파트를 5억 원에 판 경우, 증빙만 잘 준비하면 아무런 문제가 없을까?

물론 아니다. 세법에서는 특수관계자 간의 거래는 여러 가지 방법으로 규제하고 있다.

양도소득세는 시세로 계산

특수관계자 간에 정상가를 벗어난 금액으로 거래하면 거래가가 아닌 시가로 양도소득세를 과세한다. 여기서 정상가란 시가의 ±5% 이내의 금액을 말한다(시가의 5%가 3억 원을 넘으면 ±3억 원을 한도로 한다).

아버지가 시가 10억 원짜리 아파트를 ±5% 이내인 9억 5,000만 원~10억 5,000만 원에 아들에게 팔면 괜찮지만, 5억 원에 팔면 시가인 10억 원을 기준으로 아버지의 양도소득세가 과세된다.

정상가를 벗어나면 증여세 과세

특수관계자 간에 정상가를 벗어난 금액으로 거래하면, 이익을 본 사람에게 정상가와 거래가의 차액에 대해 증여세를 과세한다. 증여세법상 정상가는 소득세법과 다르게 시가의 ±30% 이내다(시가의 30%가 3억 원을 넘으면 ±3억 원을 한도로 한다).

아버지가 시가 10억 원짜리 아파트를 ±30% 이내인 7억 원~13

억 원으로 아들에게 팔면 괜찮지만, 5억 원에 팔면 그 차액인 2억 원(7억 − 5억)에 대해 아들에게 증여세를 매기는 것이다.

무상 임대도 증여세 과세

가족 간에 부동산을 무상으로 임대하는 경우에도 증여세가 과세될 수 있다. 무상 사용에 따른 이익을 산출해 5년간 이익의 합계액이 1억 원 이상이면 증여세를 과세한다.

임대료를 시세보다 ±30% 이상 적거나 많이 준 경우에도 증여세를 물린다.

증여 후 5년 이내 팔면 이월과세

배우자나 직계존비속에게 증여받은 부동산을 5년 이내에 팔면 증여자의 취득가로 양도소득세를 계산한다. 가령 10년 전 1억 원에 산 아파트가 6억 원이 되었고, 이 아파트를 아내에게 증여하면 증여세가 없다. 6억 원까지 배우자공제가 되기 때문이다.

아내가 이 아파트를 증여받고 5년이 지나서 7억 원에 팔면, 차액인 1억 원에 대해서만 양도소득세를 내게 되어 절세 효과가 크다. 그러나 증여받은 지 5년 이내에 팔면 이월과세 규정이 적용된다.

즉 남편이 산 금액 1억 원을 취득가로 보아 차액인 6억 원에 대해 양도소득세를 물게 된다. 가족 간의 증여를 이용해 양도소득세를 줄이는 행위를 막기 위한 규정이다.

| 절세 마스터 |

자녀가 비거주자라면
자녀 증여세는 부모가 대신 내준다

국내에 거주하는 부모가 국외에 거주하는 비거주자 자녀에게 재산을 증여하는 경우에는 증여자인 부모에게 연대납세의무가 생긴다. 따라서 비거주자인 자녀를 대신해 부모가 증여세를 납부해도 증여세 문제가 발생하지 않는다.

한편, 국내의 부모가 국외의 재산을 비거주자인 자녀에게 증여하는 경우에도 부모가 증여세를 납부하면 된다. 이런 경우에는 부모에게 증여세 납세의무가 있기 때문에 자녀에게 증여세 문제가 생기지 않는다.

| 절세 마스터 |

증여한 재산을 3개월 내에
돌려받으면 증여세를 물리지 않는다

증여를 받은 후 당사자 간의 합의에 의하여 그 증여받은 재산을 증여세 신고기간(증여를 받은 달의 말일로부터 3개월) 이내에 반환하는 경우에는 처음부터 증여가 없었던 것으로 본다. 따라서 당초 증여와 반환에 대하여 증여세를 과세하지 않는다(단, 현금 증여는 제외).

만약 증여세 신고기간이 지난 후 3개월(증여를 받은 달의 말일로부터 6개월) 이내에 증여자에게 반환하거나 재증여하는 경우에는 당초 증여에 대해서는 과세하되, 반환 또는 재증여에 대해서는 과세하지 않는다.

증여세 신고기간이 지난 후 6개월(증여를 받은 달의 말일로부터 9개월) 이후에 증여자에게 반환하거나 재증여하는 경우에는 당초 증여와 반환 또는 재증여 모두에 대해서 증여세를 과세한다.

단, 3개월 내에 돌려주더라도 취득세는 돌려주지 않는다.

증여·상속을 통한 절세법

여러 명에게 나눠서 증여하라

증여세는 수증자가 받는 재산을 기준으로 과세한다. 따라서 수증자가 여러 명일수록 세율이 낮아진다.

가령 아들에게 4억 원을 증여하면 아들은 6,000만 원의 증여세를 내야 한다. 반면 아들, 며느리, 손자, 손녀에게 1억 원씩 증여하면 각각 10%의 낮은 세율을 적용받아 증여세는 총 3,400만 원으로 절반 가까이 줄어든다. 물론 수증자별로 증여재산공제도 받을 수 있다.

구분	아들 4억 원 단독 증여	분산증여			
		아들	며느리	손자	손녀
증여재산가액	400,000,000	100,000,000	100,000,000	100,000,000	100,000,000
증여재산공제	50,000,000	50,000,000	10,000,000	20,000,000	20,000,000
증여세과세표준	350,000,000	50,000,000	90,000,000	80,000,000	80,000,000
증여세율	20%	10%	10%	10%	10%
산출세액	60,000,000	5,000,000	9,000,000	8,000,000	8,000,000
세대 생략할 증과세액	–	–	–	2,400,000	2,400,000
납부할 증여세액	60,000,000	5,000,000	9,000,000	10,400,000	10,400,000

CHAPTER 8

10년 단위로 분산 증여하라

증여세는 10년 단위로 증여재산공제를 받을 수 있다. 미성년 자녀에게는 2,000만 원, 성년 자녀에게는 5,000만 원을 10년마다 증여세 없이 줄 수 있다는 뜻이다. 따라서 최대한 일찍부터 증여하는 것이 절세의 지름길이다.

예를 들어 갓 태어난 자녀에게 2,000만 원을 증여하고 10세가 됐을 때 다시 2,000만 원, 20세 때 5,000만 원, 30세때 5,000만 원을 증여한다면, 36세까지 증여세 없이 1억 4,000만 원을 자녀에게 줄 수 있다.

세 부담을 줄이면서 좀 더 많은 금액을 증여하고 싶다면 낮은 세율 구간에서 증여하는 것도 한 방법이다. 가령 자녀가 태어났을 때 1억 2,000만 원을 증여하고, 10세 때 1억 2,000만 원, 20세 때 1억 5,000만 원, 30세 때 1억 5,000만 원을 증여하면 증여세 4,000만 원만 내고 총 5억 4,000만 원을 자녀에게 줄 수 있다.

반면 자녀가 30세 때 5억 4,000만 원을 한 번에 증여하면 8,800만 원을 증여세로 내야 한다. 2배가 넘는 금액이다.

가격이 오를 자산부터 증여하라

앞으로 가격이 크게 오를 자산일수록 내가 갖고 있지 말고 자녀에게 증여하는 것이 좋다. 자녀에게 증여한 후 가격이 오르면 자녀의 자산이 증가하는 것이지만, 내가 갖고 있는 동안 가격이 오르면 자녀의 상속세 · 증여세 부담만 커지기 때문이다.

또한 증여 후 10년 이내에 상속이 발생하더라도 증여 시점의 낮은 금액으로 상속재산과 합산해서 세 부담이 줄어든다.

양도차익이 큰 부동산을 증여하라

양도차익이 큰 부동산은 높은 양도소득세를 내야 한다. 이런 부동산을 증여하면 취득가가 높아지므로 양도소득세 절세 효과가 크다. 단, 증여 후 5년 안에 매도하면 이월과세가 적용되어 절세 효과가 없으니 주의해야 한다.

공시가격이 나오기 전에 증여하라

증여재산가나 상속재산가를 평가하는 기준은 시세다. 하지만 시세를 산정하기 어려운 토지, 단독주택, 상가 등은 상속일이나 증여일 현재의 공시가격을 기준으로 한다. 따라서 새로운 공시가격이 나오기 전에 증여하면 전년도의 공시가격으로 세금을 부과한다.

예를 들어 토지의 2021년 개별공시지가는 2021년 5월 31일에 고시한다. 따라서 5월 31일 전에 증여하면 2020년의 공시지가로 증여세를 계산한다.

토지는 통상 4월 초부터 5월 31일에 공시될 공시지가를 사전 열람할 수 있다. 공시지가 상승이 예상된다면 그 전에 증여하는 것이 유리하다.

취득일부터 2년이 지난 후에 증여하라

공시가격을 기준으로 과세하는 부동산일지라도, 취득한 지 2년이 지나기 전에 증여하면 공시가격이 아닌 취득가로 증여세가 과세될 수 있다. 취득가보다 낮은 공시가격으로 증여하려면, 취득계약일부터 2년 이상 경과한 후에 증여해야 한다.

상속공제를 최대한 활용하라

상속이 개시되면 할 수 있는 일은 두 가지뿐이다. 첫째는 감정평가를 통해 상속재산가를 올릴지 감정평가 없이 기준시가로 신고할지 결정하는 일이고, 둘째는 상속재산을 배우자가 얼마나 가져갈지 결정하는 일이다.

지금 내야 하는 상속세가 너무 많다면 배우자공제(최대 30억 원)를 적극 활용하면 되고, 부담이 안 된다면 자녀가 더 많이 가져가서 2차 상속을 줄이는 편이 나을 수 있다.

양도차익이 적은 부동산은 부담부증여를 하라

부담부증여란 대출이나 전세보증금을 넘기는 조건으로 자산을 증여하는 것이다. 수증자는 대출이나 전세보증금을 제외한 금액에 대해서만 증여세를 내기 때문에 증여세를 아낄 수 있다. 대신 대출과 전세보증금에 대한 양도소득세를 증여자가 내야 한다.

한 마디로 부담부증여는 자녀의 증여세와 부모의 양도소득세가 혼합된 형태다. 따라서 증여세와 양도소득세를 합한 금액이 통째로 증여할 때의 증여세보다 낮아야 한다.

보통 양도차익이 적거나 비과세되는 부동산은 부담부증여가 유리하다. 반대로 양도차익이 크거나 다주택자로 중과세되는 경우에는 양도소득세가 커져서 불리하다.

주의할 점은, 부담부증여를 받은 자녀가 스스로 대출이나 전세보증금을 갚아야 한다는 것이다. 부모가 대신 갚아주면 추가로 증여세를 내고 가산세까지 내야 할 수 있다. 이 경우 역시 자녀의 소득이 증빙돼야 한다.

차세대 국세행정시스템(NTIS)을 운영하는 국세청의 슈퍼컴퓨터는 생각보다 훨씬 꼼꼼하게 여러분을 모니터링하고 있다는 점을 잊지 말자.

절세 고수 자본가의 세금 폭탄 피하는 법
부동산 절세 완전정복

제1판 1쇄 발행 | 2021년 7월 2일
제1판 4쇄 발행 | 2021년 10월 12일

지은이 | 이승현
펴낸이 | 유근석
펴낸곳 | 한국경제신문 한경BP
책임편집 | 윤효진
교정교열 | 김문숙
저작권 | 백상아
홍보 | 서은실 · 이여진 · 박도현
마케팅 | 배한일 · 김규형
디자인 | 지소영
본문디자인 | 디자인 현

주소 | 서울특별시 중구 청파로 463
기획출판팀 | 02-3604-590, 584
영업마케팅팀 | 02-3604-595, 583   FAX | 02-3604-599
H | http://bp.hankyung.com   E | bp@hankyung.com
F | www.facebook.com/hankyungbp
등록 | 제 2-315(1967. 5. 15)

ISBN 978-89-475-4733-8   03320

바뀐 세법 철저히 공부해야 소중한 내 돈 지킬 수 있습니다